SARDINES
Huile d'Olive

Terence et Vicki
Conran

cuisine plaisir
comme à la maison

Photographies de Georgia Glynn Smith

OCTOPUS

Ci-dessus : Rosbif et pommes de terre rôties
Page 2 : Sardines sur toasts

Traduit de l'anglais par : Véronique Dumont

ADAPTATION ET RÉALISATION :
ML ÉDITIONS, Paris

Publié pour la première fois en Grande-Bretagne
par Conran Octopus Limited,
Octopus Publishing Group
2-4 Heron Quays, Londres, E 14 4JP
www.conran-octopus.co.uk
sous le titre :
Classic Conran – Plain, simple and satisfying food

Directrice de publication : Lorraine Dickey
Responsable de rédaction : Katey Day
Directrice de création : Leslie Harrington
Styliste : Victoria Burley
Photographe : Georgia Glynn Smith
Correction-révision : Manjit Sihra

Dépôt légal en France : 32442 – septembre 2003
ISBN 201260200-2

Imprimé et relié en Chine

Sauf indication contraire, toutes les recettes sont
prévues pour 4 personnes.

SOMMAIRE

Grouse rôtie

Introduction

Fervents amateurs des plaisirs de la table, nous avons écrit cet ouvrage pour essayer de transmettre notre passion pour une cuisine simple et naturelle, des plats sains, nutritifs, savoureux et saisonniers, à la fois sobres et faciles à réaliser, dans lesquels prédominent la qualité des ingrédients et la rapidité des préparations. Nous révélons nos recettes favorites, celles dont nous aimons régaler nos amis et les membres de notre famille, à savourer dans la chaleur d'un intérieur ou la douceur d'un soir d'été, modestes, parfois plus sophistiquées, mais toujours adaptées, nous l'espérons, à chaque saison et occasion.

Parce que nous apprécions le goût naturel des aliments, nous nous efforçons de ne pas les mêler à des parfums exotiques qui risqueraient de les asphyxier. Pour élaborer ces recettes, vous n'aurez donc pas à rechercher des ingrédients originaux, ni à passer des heures à les disposer avec raffinement sur une assiette ; vous ne vous interrogerez pas non plus sur le bénéfice supposé de saveurs étranges, parfois contradictoires, et vous ne serez pas confronté à des associations singulières, telles que celles du chocolat et du bleu de bresse, ou de la crème glacée à la noix de coco et des oignons frits ! Enfin, vous n'aurez pas à remplir vos placards de bases particulières, ou à acquérir un matériel sophistiqué et complexe.

S'il est bien sûr important pour les chefs talentueux d'expérimenter de nouvelles recettes destinées à faire vivre la culture culinaire, nous avons souvent le sentiment, nous, pauvres néophytes, d'être de vulgaires souris de laboratoire face à leurs mixtures révolutionnaires. Dans ce livre, nous avons donc privilégié les grands classiques – ces recettes traditionnelles ayant fait depuis longtemps leurs preuves et dont rêvent tous ceux qui ont dû un jour se contenter du minimum – préférant laisser aux grands chefs les associations avant-gardistes et les méthodes chirurgicales. Loin de nous le désir ou l'audace de réfuter cette cuisine nouvelle et ses plats aux parfums complexes qui constituent souvent de véritables gageures, mais elle n'est simplement pas celle dont nous avons envie au quotidien.

Les recettes que nous suggérons ici ne sont ni particulièrement à la mode ni désuètes. Nous utilisons de grandes quantités de beurre et de crème, d'œufs, de graisse d'oie et de rôti, d'huile d'olive, de viande et de gibier, sans jamais nous sentir coupables de céder à ces plaisirs, car modération et équilibre demeurent nos maîtres mots. Il ne serait ni très sain ni même très plaisant de consommer un rosbif avec toutes ses garnitures au quotidien, mais ce plat savouré avec parcimonie constitue un délice que chacun anticipe avec impatience. Il suffit tout simplement de compenser ses excès d'un jour par des repas légers le lendemain.

Nous tenons également compte des saisons. Ainsi, l'hiver s'impose-t-il comme le temps des plats braisés et des légumes-racines, l'été, celui des plats légers, des salades et des jeunes légumes, et l'automne, celui du gibier et des fruits des vergers. L'astuce est de savoir profiter de ce que chacune d'elles nous offre, une méthode qui présente également un avantage économique : quand un produit abonde, l'offre l'emporte sur la demande et son prix baisse.

Framboises mordorées

Il suffit donc de s'adapter, et de savourer ! La saison des asperges étant trop courte pour se priver d'un tel délice, nous les consommons sans modération et sans jamais chercher aucune excuse. À l'orée de l'été, nous attendons avec fièvre les jeunes fèves et les petits pois, à l'automne, les framboises mordorées, et la seule perspective d'une grouse rôtie, d'une côte de bœuf, d'un pain de viande et de rognons, de panais rôtis ou d'endives braisées nous ferait presque rêver de longues journées glacées.

À l'inverse, nous ne consommons jamais de fraises en hiver – selon Paul Bocuse, leur goût serait celui de la tombe – et nous rejetons sans remords ces fruits et légumes insipides, poussés Dieu sait où, et vendus de janvier à décembre. Grâce au ciel, les grandes surfaces semblent aujourd'hui délaisser ces produits si « miraculeusement » conservés, à l'apparence certes idéale, mais gorgés d'eau et sans saveur.

Vous n'aurez aucun mal à vous procurer les ingrédients utilisés dans nos recettes, que ce soit dans les épiceries, poissonneries et boucheries de quartier, les supermarchés « bien » approvisionnés, sur les marchés fermiers ou, si vous êtes privilégié, dans votre propre potager. L'essentiel est d'acheter de bons produits, chez de bons commerçants. Sans doute les payerez-vous plus cher – par le passé, supermarchés et fermiers étaient convaincus que le prix et la quantité importaient davantage que la qualité et ils se concentraient sur la production de masse au plus bas coût possible avec un maximum de profit – mais quelle satisfaction pour le palais.

En tant que créateurs aisés de la classe moyenne, nous savons combien il pourrait être facile d'oublier que, pour des millions de personnes affamées, le coût et la quantité de nourriture représentent deux facteurs essentiels. Pour cette raison, nous ne critiquerons jamais les recherches destinées à l'augmentation des récoltes, à une meilleure résistance aux maladies ou à l'apport de vitamines dans des sources alimentaires qui en manquent cruellement. Nous espérons simplement que les scientifiques garderont toujours à l'esprit l'importance du goût.

Les recettes de ce livre ont été concoctées dans la (grande) cuisine de notre maison de campagne. À l'une de ses extrémités, une cuisinière Aga à deux feux de cuisson, quatre fours et quatre plaques électriques constitue le coin cuisine proprement dit. Elle n'est pas équipée de gril mais nous avons la chance de posséder une cheminée qui, elle, en est munie ; son foyer se dresse à l'opposé de la pièce, près d'une table de chêne, grande et solide, qui nous permet d'accueillir une dizaine de convives.

Nous disposons également d'une arrière-cuisine indépendante, où nous effectuons la vaisselle et entreposons la porcelaine et le verre, ainsi qu'un cellier où nous stockons sur des étagères en ardoise la majeure partie de nos produits – le frais, les conserves et les aliments conditionnés.

Mais notre plus grand luxe demeure incontestablement l'immense jardin potager clos, situé à l'arrière de notre maison, sur lequel veille avec amour notre merveilleux jardinier, Jonathan Chidsey.

Avec nos poules, oies et canards, il constitue le plus beau des trésors et une source intarissable de fruits et légumes frais. Rassurez-vous : même le plus petit jardin ou la plus petite parcelle de terrain peut fournir d'impressionnantes quantités de produits qui vous permettront d'apprécier le « vrai » goût des fruits et légumes frais.

L'équipement de notre cuisine est à la fois simple et robuste, et nous possédons très peu de gadgets, à l'exception d'un Braun Multipractic. Parmi l'ensemble de nos marmites et casseroles acquis au fil des ans, nous apprécions particulièrement notre collection de casseroles en cuivre et deux petits sauciers en argent. Nos planches à découper (nous en avons plusieurs, de tailles différentes) proviennent des chutes de bois de l'usine de meubles de Benchmark, située dans les bâtiments de ferme, à deux pas de notre maison. Convaincus qu'une décoration sobre est idéale pour rehausser l'esthétisme d'un plat, nous privilégions la vaisselle blanche, très simple, associée à des verres transparents ; une fine bande de couleur, un emblème ou une petite feuille suffisent amplement à apporter une note de charme et d'originalité.

Nos ustensiles de base comprennent également une importante panoplie de plats en porcelaine blancs et ovales – parfaits pour le service car ils gardent la chaleur –, des couteaux aiguisés en acier carbone, quelques autres en acier inoxydable, de nombreuses cuillères et spatules en bois, des tamis et des passoires. Une bouilloire Aga, des balances et des paniers à salade métalliques complètent cette collection. Et si nous regrettons la sensibilité du gaz et la présence d'un gril intégré à notre cuisinière, nous ne saurions nous plaindre, cette cuisine constituant le cœur vibrant de notre maison.

Si nous nous permettons de vous livrer quelques directives, concernant notamment les quantités, les températures et les temps de cuisson, nous ne saurons trop vous encourager, en revanche, à rester intuitif et à oser expérimenter, goûter et rectifier vos préparations pour mieux satisfaire votre palais. Ne devenez surtout pas l'esclave des poids et des mesures, car la cuisine est loin d'être une science exacte : Qui connaît la taille d'un oignon ? Ou la chaleur exacte d'un gril au feu de bois ?

Avant tout, ne considérez jamais la cuisine comme une corvée, mais comme une activité productive dont vous savourerez les merveilleux résultats en famille ou entre amis. Ne vous laissez pas terrasser par un manque d'habileté, préparez-vous à commettre des erreurs (alors que nous préparions les photographies de ce livre, Vicki a laissé plus d'une fois carboniser ses plats !). Cuisinez et la confiance viendra, le meilleur conseil que nous puissions vous donner étant d'apprécier ce que vous faites et d'être fier de vos réalisations.

Ce livre n'aurait jamais été écrit sans l'impulsion d'Elizabeth David qui a illuminé l'Angleterre sombre et brisée d'après-guerre du soleil de la Méditerranée et de sa cuisine sublime exaltant l'huile d'olive et les parfums. Elle nous a montré qu'il était possible de manger autre chose que des viandes trop cuites, des légumes gris et aqueux, des sauces brunes et épaisses ou du jambon sous vide. Mais avant tout, elle nous a donné un conseil inestimable, légué par le très prolifique et respecté Escoffier : sachez faire simple.

Entrées

Si la plupart des recettes proposées dans ce chapitre sont considérées comme des entrées, il suffit d'en augmenter les quantités pour les transformer en plats principaux légers. Ainsi les soupes, déjà complètes, constituent-elles de véritables repas lorsqu'elles sont accompagnées de pain, de beurre et de fromage.

Certaines entrées ne requièrent aucune préparation, comme un plat de charcuterie : un assortiment de délicieux salamis, jambons fumés français, espagnols ou italiens, terrines et pâtés, agrémentés de cornichons et de pain, vous permettra de commencer un repas de la façon la plus appétissante. Un poisson fumé, tel que la morue, l'anguille, la truite ou l'indétrônable saumon, servi avec du pain, des câpres, de la crème fraîche, du raifort ou des citrons, sera tout simplement savoureux.

Le contenu de votre garde-manger peut également vous fournir des entrées formidables – très utiles si des invités impromptus se présentent à votre table. Des anchois en conserve ou bocaux, servis avec de fines lamelles d'oignon, du pain grillé et du beurre non salé, sont un véritable délice, à l'instar des sardines portugaises, des œufs de cabillaud fumés, des olives farcies ou des légumes marinés, comme les artichauts et les piments. Grâce à ces « bases », à intégrer de toute urgence à vos placards, vous pourrez concocter des entrées délicieuses en un clin d'œil.

Nous ne saurons trop vous conseiller, enfin, de conserver quelques pains dans votre congélateur. Brioche, focaccia, ciabatta et pita sont non seulement parfumés et exquis, mais infiniment pratiques : ils vous éviteront de vous précipiter au dernier moment chez votre boulanger ou d'essayer de cuire un pain dans la panique !

Soupe à l'oignon (gratinée)

Ce classique, qui fut la grande spécialité des Halles lorsqu'elles étaient encore un marché parisien, n'a nul besoin de fromage et de pain pour être délicieux. Mais, par une froide soirée d'hiver, rien n'est plus merveilleux qu'une soupe brûlante et parfumée, coiffée d'une croûte de fromage et de pain mordorée.

50 g de beurre
2 gousses d'ail tranchées très fin
4 gros oignons doux tranchés très fin
1 cuill. à café de sucre
sel et poivre
1 litre de bouillon de veau ou de légumes léger
1 verre de vin blanc sec
1 branche de thym et quelques branches de persil liées

Pour le gratin (facultatif) :
4 tranches de pain découpées dans une baguette puis légèrement séchées au four
100 g de gruyère râpé

Chauffez le beurre dans une grande cocotte, puis faites fondre très lentement l'ail et les oignons jusqu'à ce qu'ils commencent à blondir – comptez environ 30 min à feu très doux. Ils ne doivent surtout ni attacher ni roussir. Lorsqu'ils sont dorés et ramollis, saupoudrez-les de sucre et de 1 cuill. à café de sel, puis poursuivez la cuisson jusqu'à ce qu'ils aient réduit et entièrement fondu.

Ajoutez alors le bouillon, le vin et les herbes, poursuivez la cuisson 30 min. Goûtez, puis rectifiez l'assaisonnement si nécessaire.

Si vous préférez une soupe à l'oignon gratinée, répartissez la soupe dans de petits bols et disposez sur chacun d'eux une tranche de pain séché. Saupoudrez ensuite généreusement de gruyère râpé, puis placez sous le gril préchauffé jusqu'à ce que le fromage fonde et dore. Attention ! Cette soupe met des siècles à refroidir : les oignons restent brûlants un temps infini, tandis que le fromage et le pain ont des propriétés isolantes particulièrement efficaces.

Bisque

Voici un classique que nous adorons préparer après un repas de crustacés – homards, crevettes, langoustes, écrevisses ou crabes – dont nous utilisons les restes et les carapaces.

2 carapaces de homard ou de crabe, ou plus, selon la taille de votre cocotte, avec les pattes, les pinces et toutes autres parties restantes
½ verre à vin de brandy ou d'armagnac
1 oignon grossièrement haché
1 carotte grossièrement hachée
1 branche de céleri hachée
1 cuill. à soupe de purée de tomates
1 verre de vin blanc
1 mince filet d'essence d'anchois
1 bouquet garni – persil, thym, sauge, laurier
sel et poivre
poivre de Cayenne pour servir
crème fraîche – facultatif, pour servir

Préchauffez le four à 200 °C/Th. 5.
Mettez les morceaux de crustacés dans un plat à rôtir, puis passez-les au four pendant 15 min jusqu'à ce qu'ils brunissent.

Arrosez-les ensuite de brandy ou d'armagnac et flambez-les. Lorsque les flammes s'éteignent, transférez les carapaces dans une cocotte allant au four et ajoutez l'oignon, la carotte, le céleri, la purée de tomates, le vin, l'essence d'anchois et le bouquet garni. Recouvrez d'eau, portez à ébullition et laissez mijoter 2 h.

Retirez les plus gros morceaux des carapaces, puis passez-les au mixeur jusqu'à l'obtention d'une purée très fine. Incorporez-la au bouillon en la passant au chinois. Si vous préférez une bisque épaisse, incorporez 1 ou 2 cuill. à soupe du dépôt de carapaces resté dans le tamis. Rectifiez l'assaisonnement, puis relevez d'un mince filet d'essence d'anchois.

Servez très chaud, parsemé de poivre de Cayenne. Pour un velouté sublime, ajoutez 1 cuill. à soupe de crème fraîche.

Soupe aux poireaux et aux pommes de terre

Cette soupe associant deux légumes savoureux et parfumés peut se servir chaude – consistante et solide – ou froide – elle prend alors le nom de Vichyssoise et devient lisse et plus sophistiquée. Pour qu'elle soit parfaitement réussie, utilisez uniquement le blanc de poireau – le vert, si vif et séduisant lorsqu'il est cru, devient gris et sinistre une fois cuit. Afin de ne pas le perdre, gardez-le pour un bouillon.

50 g de beurre
600 g de blancs de poireau tranchés
200 g de pommes de terre farineuses, pelées et tranchées
50 cl de bouillon de volaille (page 247) ou de bouillon de légumes (page 246)
sel et poivre
1 pincée de noix muscade
50 cl de lait entier
12 cl de crème épaisse
crème épaisse et ciboulette hachée pour servir en Vichyssoise

Faites fondre le beurre dans une grande cocotte à fond épais, puis jetez-y les poireaux. Mélangez bien, puis faites-les fondre à feu doux de 12 à 15 min : ils doivent attendrir et dorer, mais ne pas roussir.

Ajoutez les pommes de terre, puis mélangez le tout quelques minutes avant d'incorporer le bouillon. Portez à ébullition, poursuivez la cuisson 20 min. Salez, poivrez et relevez d'un pincée de noix muscade. Si vous préférez une soupe épaisse, passez les morceaux de légumes au presse-purée, en vous arrêtant dès que vous aurez obtenu la consistance désirée. Versez alors le lait et la crème et laissez mijoter.

Pour réaliser une Vichyssoise, utilisez un mixeur ou une moulinette. Nous aimons passer notre soupe à travers le tamis le plus fin du moulin à légumes, ou au chinois, ce qui nous permet d'obtenir un fini lisse et velouté. Maintenez au frais jusqu'au moment de servir.

Rectifiez l'assaisonnement avant de servir la Vichyssoise – les soupes froides ont parfois besoin d'être relevées. Servez dans des assiettes à soupe refroidies, avec une volute de crème et une pincée de ciboulette hachée.

Bortsch

La betterave ne cesse de surprendre – qu'un légume à la couleur si intense pousse dans un simple potager relève déjà d'un miracle de la nature. Le bortsch, qui est l'une des recettes russes les plus célèbres, est une soupe de betterave classique dont le parfum corsé est rehaussé par un riche bouillon de bœuf. Servi chaud en hiver, il peut l'être froid en été, et constitue là aussi un véritable régal. Pour achever de mettre en valeur ses nuances merveilleuses, l'idéal est de le servir dans des assiettes blanches.

50 g de beurre
250 g de betteraves pelées et grossièrement hachées
1 oignon haché
1 carotte hachée
3 gousses d'ail hachées
1 cuill. à soupe de sucre
1½ litre de bouillon de bœuf (page 246)
sel et poivre
le jus de ½ citron
crème aigre pour servir
un peu de ciboulette hachée pour garnir

Dans une grande cocotte, mélangez à feu doux les betteraves, l'oignon, la carotte et l'ail avec le beurre fondu (les légumes vont prendre une belle couleur rose vif).

Ajoutez le sucre et le bouillon, relevez de quelques grains de poivre concassés, puis laissez mijoter 40 min jusqu'à ce que les légumes attendrissent.

Pour obtenir une soupe lisse et veloutée, broyez le tout au mixeur. Il ne vous restera plus qu'à saler, à verser un filet de jus de citron et votre bortsch sera prêt. Pour le servir, la tradition veut qu'il soit agrémenté de crème aigre et de ciboulette hachée – non seulement délicieuses, elles magnifient le rouge sombre de la betterave.

Consommé

Nourrissant mais léger, le consommé est une soupe intense, à la fois claire et raffinée. Rien n'interdit de varier la recette de base sur le thème de la soupe claire – avec des betteraves ou du cresson, vous obtiendrez un consommé aux nuances merveilleuses, pourpre ou vert vif ; avec des tomates, vous savourerez le parfum de ces fruits mûrs. Il peut se servir chaud ou froid – il a alors la consistance d'une gelée limpide.

2 oignons non pelés, coupés en deux
1 poulet élevé en plein air d'environ 1½ kg
1 pied de veau haché (par votre boucher)
2 carottes grossièrement émincées
2 branches de céleri grossièrement émincées
2 poireaux émincés
30 cl de vin blanc
10 grains de poivre noir
½ cuill. à soupe de sel
1 bouquet de persil
1 feuille de laurier et 1 branche de thym
2 blancs d'œufs
sel

Préchauffez le four à 220 °C/Th. 6.
Passez les oignons tranchés 15 min au four – ils doivent dorer en surface et leur peau doit roussir (c'est ainsi que vous obtiendrez un bouillon aux superbes nuances blondes). Mettez ensuite les oignons avec tous les ingrédients restants, à l'exception des blancs d'œufs et du sel, dans une grande cocotte allant au four. Portez à un léger frémissement, puis laissez mijoter 2 h à 2½ h à feu doux.

Retirez le poulet, réservez-le pour un autre repas. Filtrez ensuite le bouillon de cuisson dans une casserole et dégraissez sa surface.

Dès que le bouillon a légèrement refroidi, incorporez les blancs d'œufs à feu doux. Vous allez voir se former une jolie croûte mousseuse. Cessez de fouetter et laissez mijoter 30 min.

Retirez du feu. À l'aide d'une cuillère encochée ou d'une écumoire, soulevez la croûte de la surface. Passez le bouillon clarifié à travers deux couches de mousseline afin de le débarrasser de toutes les impuretés restantes.

Goûtez, salez si nécessaire, puis laissez reposer au réfrigérateur jusqu'au moment de servir.

Consommé de tomates

Vers la fin de l'été, lorsque les tomates sont les plus exquises, cette soupe compte parmi les plus savoureuses qui soient. Elle peut se servir chaude ou froide.

2 kg de tomates mûres grossièrement hachées
1 petit oignon haché fin
2 gousses d'ail hachées fin
sel et poivre en grains

Mettez les tomates, l'oignon, l'ail, une petite quantité d'eau, une pincée de sel et quelques grains de poivre noir dans une cocotte en fonte. Puis, à feu doux, faites réduire les tomates en crème – attention à ne pas laisser bouillir la préparation et réfrénez vos envies de mélanger ! Selon la maturité des tomates, comptez entre 30 et 45 min. Lorsqu'elles sont devenues liquides, versez-les délicatement dans une grande passoire garnie de mousseline, au-dessus d'une casserole propre, et attendez que leur jus s'écoule. Si vous avez réussi à ne pas les brasser et à laisser leur pulpe s'écouler naturellement, votre soupe sera claire. Goûtez-la. Si vous l'estimez trop fluide, remettez-la sur le feu et faites-la réduire jusqu'à ce que vous ayez obtenu le parfum et la consistance désirés.

Gaspacho

Cette autre soupe estivale se déguste glacée. D'une simplicité enfantine – elle ne nécessite l'utilisation d'aucun bouillon –, elle se prépare uniquement avec un bon mixeur et une grande quantité de glace.

1 concombre pelé et grossièrement haché
2 poivrons rouges coupés en deux, sans le cœur ni les pépins, grossièrement hachés
2 gousses d'ail hachées
4 oignons nouveaux grossièrement émincés
6 tomates très mûres, sans la peau ni les pépins
100 g de chapelure fraîche
quelques gouttes de vinaigre de vin rouge
1 filet d'huile d'olive
sel et poivre
environ 50 cl de glace pilée

Mettez le concombre dans le bol d'un mixeur avec les poivrons rouges, l'ail, les oignons nouveaux, et broyez-les finement. Ajoutez ensuite les tomates, la chapelure, le vinaigre et mixez à nouveau en ajoutant l'huile d'olive jusqu'à l'obtention d'une soupe épaisse (plus épaisse que la soupe désirée). Salez et poivrez en vous rappelant que la glace diluera le gaspacho. Placez au réfrigérateur.

Avant de servir, de préférence dans une grande soupière en verre ou en porcelaine blanche, incorporez la glace et garnissez de concombre haché.

Chowder

Apparentée à un ragoût de poissons, cette soupe peut être aussi consistante que vous le désirez. Pour la réaliser, le choix des ingrédients est infini : poissons, fruits de mer ou crustacés. Il en existe deux versions : le chowder *blanc de Nouvelle-Angleterre, à base de lait, et la version new-yorkaise, rouge, à base de tomates. Nous vous proposons ici la variante Nouvelle-Angleterre, au poisson fumé, mais vous pouvez modifier les ingrédients selon la saison ou l'occasion – nous aimons surtout les fruits de mer, comme les palourdes, mais aussi le crabe ou, occasionnellement, le homard.*

50 g de beurre
100 g de bacon entrelardé coupé en dés
1 oignon haché
1 branche de céleri hachée
2 blancs de poireau hachés
1 grosse pomme de terre pelée et coupée en dés
400 g de poisson blanc fumé – haddock ou morue
50 cl de lait entier
1 feuille de laurier
environ 50 cl de bouillon de poisson ou d'eau
2 cuill. à soupe de persil haché fin
sel et poivre blanc

Dans une grande cocotte, faites fondre le beurre, puis revenir le bacon. Ajoutez l'oignon, le céleri, les poireaux et la pomme de terre. Laissez-les fondre lentement jusqu'à tendreté.

Pendant ce temps, mettez le poisson dans un faitout avec le lait et la feuille de laurier, recouvrez de bouillon ou d'eau. Laissez mijoter à feu doux environ 10 min, puis retirez le poisson et laissez-le refroidir. Filtrez le liquide de cuisson sur le bacon et les légumes, portez à un léger frémissement.

Ôtez la peau et les arêtes du poisson, puis incorporez sa chair émiettée dans le faitout avec le persil. Goûtez. Salez et relevez de poivre blanc si nécessaire.

Servez la soupe dans des assiettes très chaudes avec du pain croustillant ou des croûtons frits dans du beurre clarifié. Pour épaissir le bouillon, il est de tradition d'y émietter des craquelins.

Pour la version new-yorkaise, remplacez le lait par une quantité égale de tomates olivettes pelées, épépinées et hachées.

Soupe aux petits pois et au jambon

Cette soupe est meilleure en fin de saison, lorsque les petits pois frais commencent à devenir légèrement farineux. Pendant les mois d'hiver, lorsqu'ils sont introuvables, remplacez-les par des pois cassés que vous ferez tremper, ou des pois surgelés.

50 g de beurre
1 oignon haché
1 kg de petits pois écossés
1 litre de bouillon de jambon, de jambon fumé ou de bouillon de volaille (page 247)
100 g de jambon cuit ou de jambon fumé coupé en dés fins
sel et poivre
crème fraîche pour servir

Dans une cocotte, faites fondre le beurre, puis l'oignon jusqu'à tendreté. Ajoutez les pois (ou les pois cassés trempés ou surgelés), brassez 1 min afin de bien les napper de beurre.

Versez alors le bouillon, portez à ébullition et laissez mijoter environ 20 min (comptez 40 min de cuisson pour des pois cassés).

Lorsqu'ils ont attendri, passez la soupe au mixeur. Incorporez le jambon cuit ou le jambon fumé. Rectifiez l'assaisonnement, puis servez très chaud avec de la crème fraîche.

Bouillon écossais

Attention, cette soupe ne doit pas se préparer dans l'urgence ! Il est indispensable de laisser l'agneau refroidir dans le bouillon, ce qui permet ensuite de retirer très facilement la couche de graisse solidifiée – de la taille d'une assiette – qui se sera formée à sa surface. Si la recette traditionnelle se réalise avec du mouton, on peut aussi très bien employer de l'agneau, en sachant que les quartiers avant, tels que le cou, sont mieux adaptés à une longue cuisson.

750 g du meilleur morceau de collier de mouton
1 branche de thym
1 feuille de laurier
100 g de pois secs, cassés ou entiers
200 g de carottes coupées en dés
200 g de poireaux coupés en dés
200 g de pommes de terre coupées en dés
2 oignons hachés
1 branche de céleri coupée en dés
1 petit navet ou rutabaga coupé en dés
50 g d'orge perlé
½ chou coupé en fines lanières
sel et poivre blanc
1 poignée de persil haché fin

Mettez le collier de mouton dans une cocotte suffisamment grande pour que vous puissiez bien le recouvrir d'eau. Portez à ébullition et écumez la mousse. Réduisez le feu, puis poursuivez la cuisson à léger frémissement. Ajoutez le thym et le laurier, laissez mijoter entre 1 h et 1½ h jusqu'à ce que la viande attendrisse.

Lorsqu'elle est cuite, laissez-la reposer au frais toute la nuit. Pendant ce temps, faites tremper les pois dans une grande quantité d'eau froide.

Le lendemain, vous dégraisserez le mouton avec une étonnante facilité. Désossez-le, puis détaillez-le en petits morceaux.

Environ 1 h avant de servir, incorporez les légumes (à l'exception du chou), l'orge et les pois égouttés et faites cuire 1 h à feu doux et petit frémissement. Ajoutez le chou en fin de cuisson.

À la dernière seconde, relevez de sel et de poivre blanc, et parsemez de persil haché.

Véritable repas à lui seul, le bouillon écossais se doit d'être accompagné de pain, de beurre et éventuellement d'un fromage à pâte pressée de type emmental ou chambérat.

Foie gras

Riche et d'une consistance comparable à celle du beurre, le foie d'oie ou de canard gavés au maïs est l'un des grands luxes culinaires. Cette pratique remonte à l'époque romaine où le blé et l'orge, qui constituaient la nourriture des oies et des canards, étaient alors complétés par des figues. Le choix entre un foie d'oie ou de canard est une affaire de goût personnel – tout en sachant que le foie d'oie est plus fin et plus délicatement parfumé. Lorsque vous achetez un foie de canard cru, veillez à ce qu'il soit lisse et rond, d'une couleur beige, proche du mastic, et que son poids oscille entre 300 et 400 g. Michel Guérard réalise le pot-au-feu le plus voluptueux du monde avec un foie gras entier, doucement poché au bouillon et servi avec de minuscules légumes – un délice qui mérite à lui seul un voyage à Eugénie-les-Bains !

1 foie d'oie ou de canard
½ cuill. à café de sel
½ cuill. à café de poivre noir
5 cl de sauternes
5 cl d'armagnac

Afin de le manipuler plus facilement, amenez le foie à température ambiante, puis, avec délicatesse, éliminez tous ses canaux, veines et membranes. Pour menez à bien cette opération d'une minutie quasi chirurgicale, utilisez un couteau fin et pointu ou un scalpel. Lorsque vous avez terminé, salez et poivrez. Si vous avez la chance d'avoir des truffes, glissez-en quelques lamelles dans les plis naturels du foie.

Choisissez de préférence une terrine en céramique dans laquelle le foie tiendra « confortablement ». Nappez-le de sauternes et d'armagnac, disposez par-dessus un couvercle ou du papier d'aluminium, puis laissez reposer toute la nuit au réfrigérateur.

Le lendemain, sortez la terrine et laissez le foie se réchauffer lentement jusqu'à température ambiante. Pendant ce temps, préchauffez le four à 110 °C/Th. 1.

Déposez la terrine dans un plat à rôtir à demi rempli d'eau chaude, enfournez 20 min, puis retirez-la et laissez-la refroidir. Une couche de graisse jaune, destinée à conserver le foie gras frais, se sera alors formée à sa surface.

Servez votre foie gras très froid avec des toasts ou une brioche : légère et délicatement sucrée, la brioche offre une délicieuse alternative aux toasts traditionnels.

Terrine de foie de poulet

Vous obtiendrez avec cette recette une terrine assez grossière mais délicieuse avec une baguette croustillante et des cornichons. Non seulement cette terrine se conserve parfaitement au réfrigérateur, mais elle est encore meilleure quelques jours après sa cuisson. En hiver, vous pouvez y associer du gibier à plumes – faisan ou perdrix – il suffit alors simplement d'augmenter le temps de cuisson.

20 g de beurre
1 oignon haché fin
2 gousses d'ail écrasées
300 g de foie de poulet haché fin
50 g de panne de porc coupée en petits dés
50 g de pain de mie émietté
1 pincée de noix muscade
quelques baies de genièvre écrasées
quelques gouttes de cognac
1 œuf battu
sel et poivre
150 g de bardes fines
1 ou 2 feuilles de laurier – facultatif

Dans une poêle, faites revenir l'oignon dans le beurre jusqu'à attendrissement.

Transférez-le dans un grand saladier, puis versez par-dessus tous les ingrédients restants – à l'exception des bardes fines et des feuilles de laurier. Mélangez. Laissez reposer 24 h au réfrigérateur.

Préchauffez le four à 170 °C/Th. 3. Garnissez une terrine de 80 cl à 1 litre de bardes, en prenant soin d'en garder quelques-unes pour couvrir.

Versez la préparation dans la terrine garnie, lissez sa surface et disposez par-dessus les bardes restantes. Si vous le désirez, vous pouvez ajouter une ou deux feuilles de laurier. Couvrez – d'un couvercle ou de quelques feuilles de papier d'aluminium –, placez la terrine dans un plat à rôtir à demi rempli d'eau, puis enfournez. Après 1 h de cuisson, sortez votre terrine du four, placez des poids par-dessus et laissez-la refroidir au réfrigérateur.

Terrine de lapin

Pour environ 16 personnes :
1 lapin de 1½ à 2 kg avec son foie

Pour la marinade :
5 cl d'huile d'olive
1 filet de jus de citron
1 branche de thym
1 branche de romarin
1 branche de sauge
3 ou 4 feuilles de laurier
poivre

Pour la terrine :
2 gousses d'ail écrasées
50 g de chapelure fraîche
50 g de pistaches décortiquées et broyées
300 g de panne de porc coupée en dés
200 g de bacon entrelardé coupé en dés
200 g de blanc de poulet haché
le foie du lapin haché
2 gros œufs battus
5 cl de cognac ou d'armagnac
1 pincée de quatre-épices, poivre blanc, clous de girofle et noix muscade
1 cuill. à café de sel
300 g de bardes fines
2 feuilles de laurier

Mélangez tous les ingrédients de la marinade. Détaillez finement la chair du lapin (sauf les filets du dos et la chair blanche des cuisses que vous garderez en morceaux). Mettez-la dans un saladier, nappez-la de marinade, puis laissez macérer toute la nuit au frais et à couvert. Le lendemain, ôtez la viande et réservez la marinade.

Préchauffez le four à 180 °C/Th. 4. Retirez ce qui reste de viande sur la carcasse, hachez-la finement, puis incorporez-la à l'ail, à la chapelure, aux pistaches, aux dés de graisse, au bacon, au blanc de poulet émincé et au foie de lapin. Quand tous ces ingrédients sont bien mélangés, ajoutez les œufs, le cognac ou l'armagnac, les épices, la marinade et le sel.

Tapissez une terrine d'une capacité de 2 litres de bardes, en prenant soin de garder quelques tranches pour la surface, et emplissez avec une couche de farce en tassant bien. Disposez ensuite les morceaux de viande blanche. Terminez avec la farce restante, puis nivelez la surface en tapotant la terrine sur une surface dure. Recouvrez avec les bardes réservées et posez sur celles-ci les feuilles de laurier en les enfonçant légèrement. Fermez la terrine avec son couvercle ou posez par-dessus une feuille de papier d'aluminium. Placez-la dans un plat à rôtir à demi rempli d'eau chaude et enfournez. Laissez cuire 1½ h à 2 h jusqu'à ce que le jus à la surface clarifie. Ôtez la terrine du four et posez-la sur un plateau.

Découpez un morceau de carton de la taille de la terrine, entourez-le de plusieurs couches de papier d'aluminium, et placez-le sur la terrine. Disposez des poids par-dessus – deux ou trois boîtes de conserve – et laissez refroidir complètement. Beaucoup de jus s'écoulera, ne vous alarmez pas.

Retirez ensuite les poids et le carton et fermez la terrine d'un couvercle. Laissez au réfrigérateur jusqu'au moment de servir.

Jambon persillé

Avec ses lanières de jambon rose pâle dans une gelée verte mouchetée, cette terrine estivale est l'une des plus jolies et savoureuses qui soient. Accompagnée d'une salade verte croquante, elle constitue un déjeuner léger et esthétique.

1 jarret de jambon d'environ 1 kg
1 pied de porc – tranché par le boucher
1 oignon tranché
1 carotte tranchée
1 branche de céleri tranchée
1 bouquet de persil
10 grains de poivre blanc
30 cl de vin blanc
1 filet de vinaigre de vin blanc
1 grosse poignée de persil haché fin

Mettez le jarret, le pied de porc, l'oignon, la carotte, le céleri, le persil et les grains de poivre blanc dans une grande cocotte avec le vin, le vinaigre, et recouvrez-les d'eau. Laissez mijoter à feu doux 1½ h jusqu'à ce que le jambon se détache de l'os.

Retirez alors la viande du jarret, détaillez-la en petits morceaux à l'aide de deux fourchettes, et mélangez-la au persil dans un bol de céramique.

Filtrez le liquide de cuisson à travers deux couches de mousseline. Laissez refroidir.

Dégraissez la surface (le bouillon aura alors pris la consistance d'une légère gelée), puis versez-le sur le jambon en mélangeant délicatement mais parfaitement. Transférez le tout dans une terrine en céramique ou émaillée et placez-la au réfrigérateur.

Servez avec du pain croustillant, des cornichons ou une salade verte croquante.

Pâté de poulet et de jambon en croûte

Simple et nourrissant, ce pâté est idéal pour une entrée, un pique-nique ou un repas sous la tonnelle. Pour la farce, testez toutes les combinaisons de porc et de gibier.

250 g de crépine de porc hachée
200 g de cuisse de poulet hachée
1 poignée de persil, estragon et cerfeuil hachés fin
sel et poivre
5 cl de bouillon de volaille parfumé (page 247)
250 g de jambon fumé coupé en lanières
250 g de blanc de poulet coupé en lanières
1 jaune d'œuf battu avec 1 cuill. à soupe de lait

Pour la pâte :
160 g de saindoux
½ cuill. à café de sel
450 g de farine sans levure

Pour terminer :
30 cl de bouillon de volaille parfumé, clarifié et gélifié (page 247)

Mélangez la crépine, la chair hachée du poulet, les herbes, le sel, le poivre et le bouillon de volaille. Pour préparer la pâte, faites fondre doucement le saindoux avec 25 cl d'eau dans une cocotte, puis portez à ébullition et incorporez immédiatement le sel et la farine. Brassez soigneusement avec une cuillère en bois jusqu'à l'obtention d'une pâte. Recouvrez d'un linge et attendez que la pâte refroidisse pour la manipuler.

Préchauffez le four à 200 °C/Th. 5. Découpez ¼ de la pâte, recouvrez-le. Aplatissez les ¾ de pâte restants et garnissez-en un moule articulé rectangulaire ou un moule à cake de 2 litres – la pâte doit être suffisamment malléable pour que vous puissiez la faire tenir sur les bords en appuyant simplement avec les doigts.

Alternez les couches de viande hachée, de lanières de jambon fumé et de blancs de poulet tout en pressant. Roulez le ¼ de pâte restant afin de confectionner le couvercle du pâté.

Humidifiez les bords et disposez ce couvercle sur le moule en appuyant bien sur les côtés pour le sceller. Pratiquez une cheminée au centre et taillez le tour ; vous pouvez ensuite le strier, avec vos doigts ou les dents d'une fourchette.

Dorez le pâté avec le mélange d'œuf battu et mettez-le 30 min au four. Réduisez la chaleur à 160 °C/Th. 3, puis poursuivez la cuisson 1½ h. Si la surface dore trop vite, recouvrez-la de papier d'aluminium.

Sortez le pâté et écartez son pourtour du bord du moule avec délicatesse. Badigeonnez-le de dorure, puis enfournez de 10 à 15 min supplémentaires. Sortez-le à nouveau et laissez-le refroidir.

Pour finir, faites réchauffer le bouillon gélifié afin de le liquéfier, puis, à l'aide d'un petit entonnoir, versez-le délicatement dans le pâté à travers la cheminée. Il comblera les espaces entre la farce et la pâte dus à la réduction de la viande pendant la cuisson. Laissez reposer 24 h au réfrigérateur avant de servir.

Dans le sens des aiguilles d'une montre, depuis le haut à gauche : Pour préparer la pâte, travaillez la farine et la préparation de saindoux fondue jusqu'à l'obtention d'une pâte. Lorsque celle-ci a refroidi, pétrissez-la, puis roulez-la et disposez-la dans un moule. **Pages 34 et 35 :** Pour confectionner le couvercle, roulez la pâte restante, pliez-la en deux et découpez un petit triangle au centre du rouleau. Lorsque vous l'ouvrirez, il formera une ouverture en diamant à travers laquelle pourra s'échapper la vapeur. Appuyez avec les doigts pour coller les bords du couvercle, puis dorez-le.

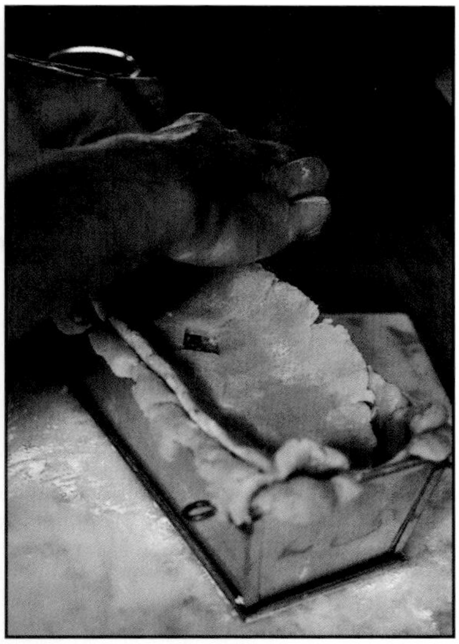

Salade de tomates

Fervents amateurs de salade de tomates, nous l'adorons sous ses mille variantes, qu'elle soit agrémentée d'une vinaigrette, d'un assaisonnement à la moutarde, d'échalotes finement hachées, d'ail, d'anchois, d'olives, de feuilles de basilic ciselées ou, tout simplement, d'une excellente huile d'olive. Un seul impératif : l'achat de tomates ayant un « vrai » goût ; les supermarchés vendent des tomates étiquetées – ce n'est pas une plaisanterie – « cultivées pour le goût », pourquoi font-ils pousser les autres ? Pour aider au repassage, aux devoirs, à la pose du papier peint ?

4 grosses tomates, 6 moyennes ou 8 petites
1 pincée de sucre et de sel
quelques grains de poivre concassés
huile d'olive
1 filet de vinaigre de vin rouge

À l'aide d'un couteau aiguisé, retirez le cœur de chaque tomate puis plongez les tomates 30 s dans l'eau bouillante. Passez-les ensuite à l'eau froide et pelez-les. Ce détail est capital – il est insupportable de manger des tomates avec leur peau ; à l'exception, peut-être, des plus exquises tomates du jardin.

Découpez-les en tranches épaisses, puis disposez-les dans un plat creux. Saupoudrez-les de sucre, salez, poivrez et laissez reposer 15 min. Servez vos tomates assaisonnées d'une bonne huile d'olive et d'un filet de vinaigre de vin rouge.

Céleri rémoulade

Ce classique des restaurants « routiers » constitue une excellente entrée, surtout lorsqu'elle s'accompagne de jambon de montagne ou de Bayonne.

le jus de 1 citron
1 racine de céleri d'environ 800 g
sel
1 jaune d'œuf
2 cuill. à soupe de moutarde de Dijon
15 cl d'huile d'olive
1 filet de vinaigre de vin rouge
1 poignée de persil haché

Remplissez un saladier d'eau et versez-y le jus de citron. Pelez, râpez ou coupez le céleri en lanières, puis plongez-le dans cette eau acidulée (ainsi, il ne noircira pas).

Portez ensuite une casserole d'eau salée à ébullition. Jetez-y le céleri. Amenez de nouveau à ébullition, puis égouttez le céleri cuit dans une passoire en la secouant afin de le débarrasser du maximum d'eau.

Pendant ce temps, mélangez le jaune d'œuf, la moutarde et une pincée de sel dans un saladier, avec un fouet ou une cuillère en bois. Versez l'huile – goutte à goutte au début – en fouettant énergiquement. Quand l'émulsion est homogène, versez l'huile en un filet régulier, jusqu'à ce que la préparation épaississe et dore. Ajoutez un filet de vinaigre pour relever son goût et l'allonger. Quand le céleri a refroidi et séché, mettez-le avec le persil dans la mayonnaise et mélangez.

Romaines à la vinaigrette à la crème

Cette salade très simple est réellement délicieuse. La vinaigrette à la crème est tombée en disgrâce, probablement à cause de ses imitations commerciales grossières et sans saveur. Préparée avec des ingrédients de qualité, elle pare pourtant toutes les salades d'une touche légère et estivale, tout en constituant une formidable alternative à la vinaigrette traditionnelle.

4 laitues romaines
1 cuill. à café de sucre
1 cuill. à café de sel
1 pincée de poivre blanc
1 cuill. à café de moutarde
1 cuill. à soupe de vinaigre de vin blanc
4 cuill. à soupe de crème liquide
1 filet d'huile de noix

Retirez toutes les feuilles dures, puis découpez les laitues en quatre et disposez-les sur un plat de service creux.

Mélangez le sucre, le sel, le poivre, la moutarde et le vinaigre. Ajoutez progressivement la crème tout en tournant vigoureusement pour éviter que la préparation ne tourne. Versez un filet d'huile de noix, puis arrosez les laitues de cet assaisonnement.

Salade niçoise

Cette recette est probablement la plus controversée des Temps modernes. Avec quels ingrédients la préparez-vous ? Des anchois, des poivrons, de la laitue, du thon, des tomates, des artichauts ? Selon la recette allégée de Jacques Médecin, le célèbre maire de Nice, seuls des légumes cuits doivent être utilisés, tandis que le Larousse gastronomique *suggère l'addition de poivrons, céleri et oignons. Quel que soit votre choix, l'association sera forcément délicieuse, même si nous avons tendance à privilégier une certaine sobriété, synonyme, selon nous, de qualité. Comme nous, veillez à utiliser uniquement du thon en boîte, conservé dans l'huile, venu d'Espagne ou du Portugal, le thon frais grillé, véritable marotte des restaurants à la mode, risquant tout simplement de vous faire passer à côté du thon et de la salade niçoise. Voici notre version.*

250 g de haricots verts fins équeutés
250 g de petites pommes de terre nouvelles
4 tomates mûres, pelées et coupées en quatre
250 g de thon en conserve, égoutté et émietté
4 œufs durs coupés en deux
6 filets d'anchois
250 g d'olives – les petites olives noires de Nice sont parfaites
cœurs de laitue pour servir

Pour la vinaigrette :
1 cuill. à soupe de vinaigre de vin rouge
1 cuill. à café de moutarde de Dijon
1 gousse d'ail hachée
4 cuill. à soupe d'huile d'olive

Faites cuire les haricots dans une eau salée jusqu'à tendreté, puis rafraîchissez-les dans l'eau glacée. Procédez de la même manière avec les pommes de terre. Lorsqu'elles sont tièdes, découpez-les en tranches, puis laissez-les refroidir complètement.

Disposez les haricots, les pommes de terre et les tomates sur un grand plat, ajoutez ensuite le thon, les œufs, les filets d'anchois et les olives. Mélangez tous les ingrédients de la vinaigrette, puis nappez-en votre salade.

Servez les cœurs de laitue séparément.

Charcuterie

L'histoire de la charcuterie, littéralement viande cuite, remonte à plusieurs siècles (au XVe siècle existait déjà une corporation de charcutiers). Lorsque, aujourd'hui, nous parlons de charcuterie, nous pensons aux salamis, saucisses ou autres viandes fumées. L'Europe en est riche – notamment la France, l'Italie et l'Allemagne – et il est de plus en plus fréquent de trouver dans les supermarchés et épiceries fines des spécialités venues d'Espagne, d'Autriche, de Pologne et d'Angleterre.

Un assortiment de charcuterie constitue une entrée aussi simple qu'excellente : saucissons secs français – rosette, jésus de Lyon, saucissons de montagne ou d'Arles – salamis italiens, de Naples ou Milan, fines tranches de mortadelle, saucisses allemandes et chorizo épicé espagnol, associés à un pain croustillant, des cornichons, des câpres, des olives ou des moutardes aux fruits sont un véritable régal. Pour un repas plus raffiné et léger, privilégiez un jambon cru, agrémenté de figues, melon et copeaux de parmesan, le jambon de Parme étant probablement le meilleur de tous.

L'Espagne est également un grand producteur de jambons. Le jambon ibérique, *jamón ibérico,* ou *pata negra,* qui provient de cochons élevés dans les forêts de chênes du sud de la péninsule, est connu pour son parfum noiseté délicat, attribué à leur forte consommation de glands. Le jambon de Bayonne et le jambon de montagne français sont tout aussi remarquables et délicieux avec des cornichons, du beurre non salé et du pain de campagne. Quant aux jambons allemands, ils sont souvent fortement fumés, le jambon westphalien, fumé sur du bois de genévrier, étant plus délicat. Si vous voulez servir un assortiment de saucissons et jambons, prévoyez 200 g par personne pour une entrée, ou bien 300 g pour un déjeuner léger.

Salade d'endives au roquefort

Cette salade très facile à réaliser est un régal. Comment résister à l'exquise association des endives froides à l'amertume du roquefort piquant, riche et crémeux, et des noix croquantes ? Si nous la préférons avec une vinaigrette à la moutarde, elle sera tout aussi délicieuse avec un filet d'huile d'olive, relevée de 1 ou 2 cuill. de jus de citron.

4 endives
150 g de roquefort
120 g de noix

Pour l'assaisonnement :
2 cuill. à café de moutarde
4 cuill. à soupe d'huile d'olive
2 cuill. à soupe de jus de citron
sel et poivre

Retirez les feuilles des endives et disposez-les sur un plat. Saupoudrez-les de roquefort émietté et de noix grossièrement pilées.

Mélangez tous les ingrédients de l'assaisonnement (en ayant la main légère sur le sel, le roquefort étant déjà salé). Nappez-en la salade juste avant de servir.

Artichauts aux fèves

Cette recette qui ne nécessite aucune cuisson ne repose que sur la qualité des fèves, qui doivent être jeunes, et des petits artichauts. Écossez les fèves, tranchez finement les artichauts et servez-les agrémentés d'un filet d'huile d'olive, de sel et de citron ou d'un bon vinaigre.

Soufflé au fromage

Contrairement aux idées reçues, réaliser un soufflé est un jeu d'enfant. Un seul impératif, ne pas le faire attendre et le déguster dès sa sortie du four. Pour ne pas rater votre effet, programmez donc soigneusement l'heure de cuisson afin que tout le monde soit prêt, fourchette en main, dès que vous l'apporterez sur la table, doré, gonflé, crémeux et délicieux à en mourir !

50 g de parmesan râpé
40 g de beurre
40 g de farine
20 cl de lait chauffé jusqu'à son point d'ébullition
5 œufs séparés
1 pincée de sel
75 g de gruyère râpé
1 pincée de noix muscade
1 pincée de poivre de Cayenne
1 pincée de poivre blanc

Beurrez un plat à soufflé de 1½ litre et saupoudrez-le de 1 ou 2 cuill. à café de parmesan râpé. Secouez-le pour bien répartir le fromage sur le fond et les bords.

Faites fondre le beurre dans une grande casserole, puis incorporez la farine et faites cuire à feu doux en tournant. Versez ensuite le lait lentement et portez à ébullition sans cesser de tourner jusqu'à épaississement de la préparation. Retirez la casserole du feu.

Dans un grand saladier, montez les blancs en neige ferme (ils doivent être blancs et luisants) avec une pincée de sel.

Incorporez les jaunes d'œufs à la préparation au lait en battant, puis ajoutez le reste de parmesan, le gruyère, la noix muscade, le poivre de Cayenne et le poivre blanc. Incorporez 1 cuill. à soupe de blanc monté en neige à la préparation pour l'allonger. Puis, avec délicatesse, ajoutez le reste des blancs avec une spatule en bois ou une grande cuillère en métal.

Versez la préparation mousseuse dans le plat à soufflé beurré et recouvrez-le d'un saladier retourné. Laissez reposer 1 h dans un endroit chaud, sans courant d'air.

Préchauffez le four à 200 °C/Th. 5. Environ 30 min avant de passer à table, enfournez le soufflé. N'ouvrez surtout pas la porte du four pendant la cuisson mais savourez l'attente : votre soufflé va monter, dorer tout en restant délicieusement crémeux à l'intérieur !

Œufs durs mayonnaise

Vous pouvez agrémenter cette entrée, d'anchois, de tomates tranchées, de tapenade, de laitue, de radis, de poisson froid poché, d'aïoli (page 80) ou d'asperges. Pour la réaliser, il est essentiel d'utiliser des œufs d'excellente qualité – certaines boutiques vendent des œufs italiens au jaune sombre, merveilleusement parfumés. À défaut, achetez des œufs de poules élevées en plein air. Il n'est pas nécessaire qu'ils soient frais, au contraire – trop frais, ils sont plus difficiles à écaler.

6 ou 8 œufs

Mettez les œufs dans une casserole d'eau froide, puis portez à un léger frémissement. Si vous aimez les jaunes crémeux, réglez votre minuteur sur 5 min, si vous les préférez durs, sur 7 min, puis laissez les œufs bouillir jusqu'à ce que la sonnerie retentisse. Retirez alors la casserole du feu et placez-la sous l'eau froide durant plusieurs minutes. Écalez vos œufs et laissez-les refroidir.

Pour servir, tranchez chaque œuf en deux, puis dressez-les sur un plat, face coupée vers le haut.

Mayonnaise

La transformation de jaune d'œuf et d'huile en une sublime émulsion relève d'un exploit de la science. Pour réaliser une mayonnaise, nous utilisons de l'huile d'olive ou toute autre huile légère – de pépins de raisins ou de tournesol. Il suffit que tous les ingrédients soient à température ambiante – à cette fin, sortez les œufs du réfrigérateur bien avant leur utilisation – sinon, vous risquez de rater votre mayonnaise. Si cela arrivait, ne vous inquiétez pas. Recommencez avec un nouveau jaune d'œuf et de la moutarde, ajoutez un peu d'huile goutte à goutte, et quand cette préparation épaissit, incorporez la mayonnaise ratée par petites quantités, en battant vigoureusement. Non seulement vous rattraperez votre erreur mais votre mayonnaise sera encore plus riche !

1 gros jaune d'œuf
1 cuill. à café de moutarde de Dijon
sel
20 à 25 cl d'huile
1 filet de jus de citron ou de vinaigre de vin blanc

Dans un saladier, mélangez le jaune d'œuf, la moutarde et le sel avec un petit fouet ou une cuillère en bois. Versez l'huile, d'abord goutte à goutte, en fouettant énergiquement jusqu'à absorption totale. Quand la préparation s'émulsifie, versez l'huile en un filet régulier. La mayonnaise va alors épaissir et dorer. Délayez-la avec du jus de citron ou du vinaigre. S'il en reste – ce qui ne nous arrive jamais ! –, sachez qu'elle se conservera 1 ou 2 jours à couvert et au frais.

Œufs en gelée

Nous préparons ce plat quand nous sommes en possession d'un bon bouillon de volaille, de restes de blancs d'œufs, d'estragon et d'œufs très frais. Délicat à réaliser, il nécessite une longue préparation mais le résultat est à la hauteur de la difficulté.

50 cl de bouillon de volaille parfumé et gélifié (page 247)
1 ou 2 blancs d'œufs
1 petite poignée de feuilles d'estragon rapidement blanchies
8 œufs très frais
feuilles de laitue pour servir

Mettez le bouillon dans une casserole avec le(s) blanc(s) d'œuf(s). À feu doux et à l'aide d'un petit fouet, mélangez, amenez à un léger frémissement, puis cessez de tourner. Laissez mijoter environ 15 min – une jolie croûte mousseuse doit alors se former à la surface du bouillon qui se clarifiera.

Retirez-la à l'aide d'une écumoire, puis transférez le bouillon à la cuillère dans un grand saladier (s'il reste des particules d'œuf, filtrez-le à travers une fine mousseline).

Versez ensuite une couche de bouillon dans un plat qui soit suffisamment large pour pouvoir y disposer tous les œufs, puis parsemez de quelques feuilles d'estragon. Mettez le plat et le saladier au réfrigérateur.

Pendant ce temps, faites bouillir de l'eau dans une grande poêle creuse. Retirez-la ensuite du feu et cassez-y délicatement les œufs. Selon la taille de votre poêle, vous serez peut-être obligé de procéder en plusieurs fois. Couvrez, puis laissez reposer environ 3 min.

Assurez-vous que les œufs soient assez fermes pour être manipulés – les blancs doivent être fermes et les jaunes tendres. Si vous les préférez plus cuits, prolongez légèrement l'attente, puis, à l'aide d'une écumoire, retirez-les un à un, égouttez-les sur un linge et disposez-les sur un plat. Quand tous les œufs sont pochés et égouttés, mettez ce plat au réfrigérateur. Une fois la gelée prise à la base du plat et les œufs froids, disposez ces derniers dans la gelée, puis remettez le plat au réfrigérateur afin que les œufs raffermissent.

Lorsque le bouillon restant dans le saladier a pris une consistance sirupeuse, nappez-en délicatement les œufs (à l'aide d'une cuillère). Recouvrez ensuite votre plat de film étirable, puis remettez-le au réfrigérateur.

Servez vos œufs en gelée sur des assiettes plates, garnis de feuilles de laitue.

Si vous servez ces œufs au déjeuner ou au dîner, il est plus esthétique de les placer dans un ramequin ou un moule à dariole avec un brin d'estragon et le bouillon, puis, lorsqu'ils sont pris, de les démouler directement sur les assiettes.

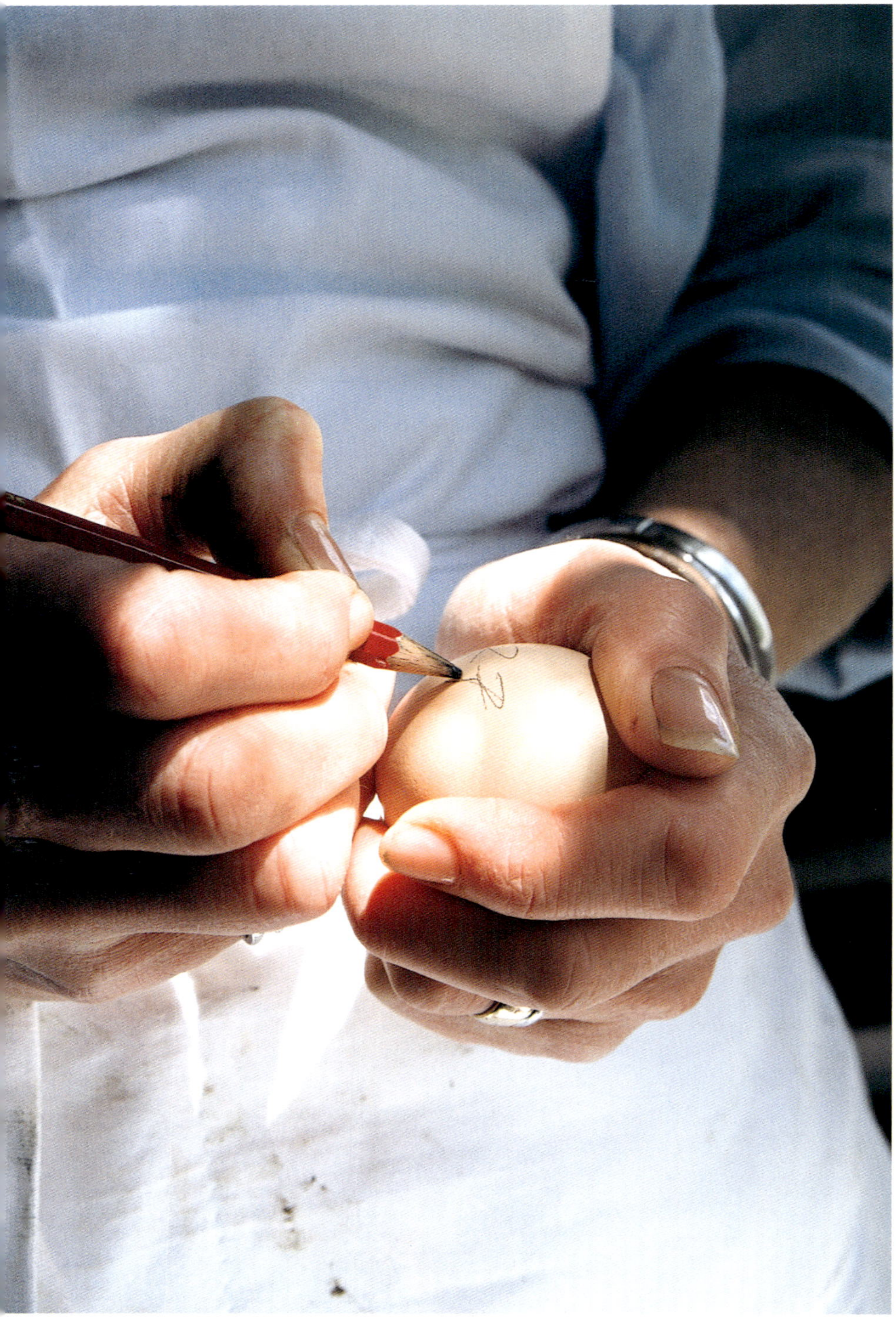

Depuis que nous utilisons les œufs de nos poules, nous inscrivons la date de ponte sur leurs coquilles. Les œufs pochés sont meilleurs avec des œufs très frais, l'idéal étant qu'ils aient moins de 8 jours. Pour pocher un œuf, portez une grande casserole d'eau à ébullition. Retirez-la du feu, puis cassez délicatement l'œuf dans l'eau bouillante. Couvrez, laissez reposer 3 min et retirez-le à l'aide d'une écumoire.

Le bouillon en gelée utilisé pour la recette des œufs en gelée est très simple à réaliser – reportez-vous à la recette page 247.

Ci-contre, dans le sens des aiguilles d'une montre à partir du haut, à gauche : Mettez le bouillon dans une cocotte avec les blancs d'œufs, puis mélangez à l'aide d'un petit fouet. Cessez de tourner dès qu'il commence à bouillir. Laissez mijoter 15 min – une croûte mousseuse se formera à la surface tandis que le bouillon se clarifiera.

Ci-dessus, dans le sens inverse des aiguilles d'une montre à partir du haut, à gauche : Retirez la croûte à l'aide d'une écumoire, puis transférez le bouillon à la cuillère dans un saladier, en le tamisant à travers une mousseline s'il reste encore des particules d'œuf. Il se gélifiera en refroidissant.

Omelette aux fines herbes

Pour préparer une omelette, un seul impératif : ne pas limiter le nombre d'œufs ! Deux gros œufs ou trois petits par personne sont un minimum. Sachez aussi que les œufs de poules élevées en plein air sont meilleurs, certains œufs de grande consommation ayant tout simplement un goût de poisson !

Pour une personne
2 gros œufs ou 3 moyens
1 noix de beurre
sel et poivre
1 cuill. à café de persil, d'estragon, de cerfeuil et de ciboulette hachés fin

Dans un saladier, battez les œufs avec 1 cuill. à soupe d'eau froide. Faites fondre le beurre dans une poêle. Lorsqu'il mousse, salez et poivrez les œufs, ajoutez les herbes, puis versez-les dans la poêle. Avec une fourchette, brassez délicatement jusqu'à ce qu'ils commencent à prendre, en repoussant les œufs cuits vers le centre afin que ceux encore liquides puissent se répandre sur les bords.

Quand l'omelette est cuite – elle doit rester baveuse au centre –, pliez-la en deux, faites-la glisser sur un plat chaud et servez-la immédiatement.

PREPARED
DIJON

Poireaux vinaigrette

Lorsqu'ils sont jeunes et fins, les poireaux constituent une superbe entrée légère ou de parfaits légumes d'accompagnement froids. Si vous ne trouvez pas de poireaux fins, achetez-en des larges et coupez-les dans le sens de la longueur.

8 poireaux fins
2 œufs durs écalés et grossièrement hachés

Pour la vinaigrette :
2 cuill. à soupe de vinaigre de vin rouge
15 cl d'huile d'olive
2 cuill. à soupe de moutarde de Dijon
sel et poivre

Faites cuire les poireaux de 7 à 10 min dans une grande casserole d'eau bouillante légèrement salée jusqu'à attendrissement.

Pendant ce temps, préparez la vinaigrette : mélangez le vinaigre de vin rouge, l'huile d'olive et la moutarde de Dijon. Salez, poivrez.

Retirez les poireaux de l'eau et égouttez-les très soigneusement. Disposez-les sur un plat creux, puis nappez-les généreusement de vinaigrette. Saupoudrez-les ensuite des œufs hachés et arrosez l'ensemble avec le reste de vinaigrette.

Crevettes au beurre fondu

Pour cette recette, utilisez de préférence des crevettes vivantes, fraîchement bouillies. À défaut, achetez chez votre poissonnier des crevettes cuites.

250 g de beurre clarifié
1 pincée de macis fraîchement pilé
500 g de crevettes cuites épluchées
sel
1 pincée de poivre de Cayenne

Faites fondre la moitié du beurre clarifié dans une sauteuse et jetez-y le macis pilé.

Lorsqu'il grésille, mettez les crevettes, puis brassez bien afin de les napper de beurre. Goûtez. Si besoin est, salez, puis disposez les crevettes dans des ramequins. Saupoudrez de poivre de Cayenne.

Faites ensuite fondre le beurre restant et versez-le sur les crevettes. Lorsque le beurre a refroidi, placez les ramequins au réfrigérateur.

Servez avec des toasts chauds.

Anchois aux oignons

Voici une entrée simplissime. Pour la préparer, coupez un gros oignon doux et servez-le avec des anchois roses et dodus, de qualité, du beurre fin non salé et du pain croustillant.

Poisson fumé

Pour ce repas infiniment facile, choisissez un assortiment de poissons fumés – truite, anguille, saumon – et accompagnez-le de raifort râpé, de crème aigre, de citron, de pain complet et de beurre. Un jour, alors que nous recevions huit hommes d'affaires japonais à déjeuner, nous leur avons servi un immense plat de poissons fumés, agrémentés de pains et de pickles. Ils se régalèrent, mais il semblait de toute évidence leur manquer quelque chose. Ne sachant ce qu'ils voulaient, nous avons apporté sur la table moutarde, miel et marmelade. Et devinez ce qu'ils choisirent pour accompagner leur poisson? De la marmelade!

Poivrons piémontais

Ce joli plat estival est meilleur lorsqu'il est servi à température ambiante avec une baguette croustillante, exquise pour absorber ses jus.

4 grosses tomates mûres
4 poivrons rouges coupés en deux, sans le cœur ni les pépins
4 gousses d'ail tranchées très fin
8 filets d'anchois
1 généreux filet d'huile d'olive
sel et poivre

Préchauffez le four à 220 °C/Th. 6. À l'aide d'un couteau aiguisé, retirez le cœur de chaque tomate. Placez une tomate dans un petit saladier, recouvrez-la d'eau bouillante, puis laissez reposer 10 s et remplacez l'eau chaude par de l'eau froide. Lorsque la tomate a refroidi, pelez-la ; sa peau se retirera très facilement. Coupez-la ensuite en deux et renouvelez l'opération avec les trois tomates restantes. Placez les moitiés de poivrons dans un plat allant au four, côté coupé vers le haut. Garnissez-les d'ail, de 1 filet d'anchois et de ½ tomate que vous poserez côté coupé sur le poivron. Arrosez d'huile d'olive. Salez, poivrez, puis enfournez. Après une quinzaine de minutes, lorsque les poivrons commencent à brunir, abaissez la température du four à 180 °C/Th. 4.

Poursuivez ensuite la cuisson de 45 min à 1 h, jusqu'à ce que les poivrons attendrissent et commencent à s'affaisser, puis laissez-les refroidir à température ambiante.

Accompagné d'une poignée d'olives et d'un rosé de Bandol, ce plat vous transportera directement en Provence !

Asperges à la sauce hollandaise

Délicieuse, la sauce hollandaise transforme des plats aussi simples que les œufs pochés, les asperges, le poisson poché ou un assortiment de mini-légumes, en mets de luxe. N'hésitez pas à acheter de bons œufs, qui garantiront sa qualité. Pour la préparer, nous sommes adeptes de la recette d'antan : rien n'est plus satisfaisant que d'incorporer le beurre, un dé à la fois, dans la sauce. Mais si cette méthode du « mélanger-verser-sur-le-beurre-fondu » est infaillible, sachez qu'elle nécessite du temps !

48 pointes d'asperge
sel

Pour la sauce hollandaise :
les jaunes de 2 gros œufs
1 cuill. à soupe de vinaigre de vin blanc ou de vinaigre d'estragon
1 cuill. à soupe d'eau
200 g de beurre coupé en dés

Pour réaliser la sauce hollandaise, mettez les jaunes d'œufs dans un saladier résistant à la chaleur, au-dessus d'une casserole d'eau à peine frémissante, puis battez-les avec le vinaigre et l'eau jusqu'à ce qu'ils se colorent et moussent légèrement.

Incorporez alors un dé de beurre à la fois : chaque dé doit être parfaitement mélangé avant que vous n'ajoutiez le suivant. Si vous n'avez pas utilisé de beurre salé, n'oubliez pas de saler votre sauce.

La sauce restera chaude au-dessus d'une eau frémissante pendant 1 h. Si, par malheur, elle devait tourner, ajoutez 1 cuill. à soupe d'eau bouillante et tournez vigoureusement.

Retirez la base ligneuse de chaque asperge, puis faites cuire les pointes dans une grande quantité d'eau bouillante salée jusqu'à ce qu'elles commencent à attendrir – de 6 à 8 min selon leur épaisseur.

Égouttez-les soigneusement et disposez-les aussitôt sur des assiettes chaudes. Servez la sauce à part : chacun en nappera ses asperges à la cuillère selon son goût.

Huîtres Rockefeller

Pour ceux qui n'aiment pas les huîtres de roche crues, voici une recette prestigieuse et délicieuse. Ce plat étant très nourrissant, nous prévoyons quatre huîtres par personne s'il est servi en entrée, même si certains de nos amis pourraient en avaler six !

sel gemme
16 ou 20 (24 si vous êtes affamé) huîtres de roche (en plus d'être moins onéreuses que les huîtres plates, elles sont disponibles toute l'année)
500 g d'épinards
75 g de beurre
quelques gouttes de Pernod – ou de n'importe quel pastis
1 cuill. à café de sel de céleri
quelques gouttes de tabasco
100 g de chapelure fraîche

Nappez de sel gemme un plat à rôtir suffisamment grand pour pouvoir y disposer toutes les huîtres en une seule couche.

Faites fondre les épinards dans une casserole – laissez leurs feuilles se napper de perles d'eau – puis, lorsqu'ils ont réduit, broyez-les dans un mixeur avec le beurre, le Pernod, le sel de céleri et le tabasco jusqu'à l'obtention d'une purée verte et lisse. Placez-la au réfrigérateur afin de la raffermir.

Préchauffez le four à 230 °C/Th. 6. Ouvrez les huîtres, retirez leur « couvercle » puis disposez-les sur le plat à rôtir – grâce au sel, elles tiendront parfaitement en équilibre.

Lorsque la purée d'épinards a raffermi, étalez-en 1 cuill. à soupe sur chaque huître en nivelant la surface – utilisez une spatule – puis saupoudrez les huîtres de chapelure et passez-les au four 8 à 10 min, le temps que la chapelure prenne une belle teinte dorée et que la purée d'épinards commence à bouillonner sur les bords.

Servez immédiatement. Mangez vos huîtres à la fourchette en faisant attention de ne pas vous brûler les doigts sur leurs coquilles brûlantes !

COMPAGNIE DES WAGONS-LITS

Plats principaux

Les plats principaux occupent généralement la place d'honneur du repas, l'entrée étant destinée à ouvrir l'appétit en vue de cette pièce maîtresse. Attention, toutefois, à respecter l'équilibre de l'ensemble. Sans doute cela vous paraît-il évident, mais une association idéale ne saurait en aucun cas comprendre une soupe de tomates, suivie d'un osso-buco et d'un pudding d'été – il y aurait ici trop de tomates et trop de rouge ! Nous réfutons également les plats à base de crème, souvent indigestes. Un soir, alors que nous dînions dans l'un des restaurants les plus célèbres de Londres, le chef insista pour concocter lui-même notre menu : de l'entrée au dessert, nous vîmes arriver des plats incluant, sous une forme ou une autre, du foie gras, du foie gras, et encore du foie gras. Alors que, individuellement, ils étaient tous délicieux et cuisinés avec un art incontestable, nous sortîmes de table en criant grâce et en jurant de ne plus jamais avaler ce qui pourrait ressembler de près ou de loin à du foie gras – un vœu qui dura, vous l'imaginez, le temps de le prononcer !

Nous sommes également persuadés que la saison joue un rôle essentiel dans la planification du repas. Par temps chaud, comment ne pas rêver de plats frais et légers, de salades, de jeunes légumes et d'herbes fraîches dont les étals regorgent en plein été ? L'hiver, en revanche, jambons fumés, salamis, saucisses, viandes braisées, gibier et rôtis constituent des plaisirs quotidiens dont il faut profiter avec les légumes de saison, crucifères et racines, ou encore des salades telles que la salade d'endives.

N'oubliez pas non plus de prendre en compte le temps dont vous disposez. Servir une entrée complexe suivie d'un plat principal nécessitant toute votre attention vous épuisera au point de ne plus profiter de la moindre bouchée. Préférez une entrée requérant le minimum de préparation et un plat principal qu'il vous suffira de réchauffer au four ; vous aurez ainsi tout le temps de préparer vos légumes d'accompagnement.

Haddock

Idéalement, ce plat délicieux devrait s'accompagner d'œufs pochés et de pommes de terre bouillies, même si la purée irlandaise, champ, *offre une parfaite alternative.*

300 g de haddock non coloré ou 350 g de haddock écossais
lait et eau – pour pocher
8 œufs très frais

Mettez le haddock dans un faitout et recouvrez-le d'une quantité égale de lait et d'eau. Pochez-le 10 min à léger frémissement. Réservez ensuite le liquide de cuisson, puis répartissez le poisson dans 4 assiettes. Maintenez-les au chaud.

Portez le liquide réservé à ébullition. Dès qu'il frémit, cassez-y les œufs. Vous devrez peut-être procéder en plusieurs fois. Couvrez, retirez doucement le faitout du feu et attendez 5 min. Vérifiez la cuisson des œufs – les jaunes doivent être baveux mais il s'agit encore d'une affaire de goût.

Disposez 2 œufs sur chaque assiette et servez immédiatement avec une purée de pommes de terre, une *champ* ou des toasts beurrés.

Ailes de raie au beurre noisette

Les ailes de raie devant être très fraîches, achetez-les juste avant de les cuisiner (passé quelques jours, elles dégagent une odeur d'ammoniaque parfaitement nauséabonde). Servez-en une par personne, ou une pour deux si vous les jugez suffisamment grandes.

4 ailes de raie, sans la peau mais avec l'arête
80 g de beurre
1 filet de vinaigre de vin blanc
4 cuill. à soupe de câpres

Pour le court-bouillon :
1 litre d'eau
½ verre de vin blanc
1 filet de vinaigre de vin blanc
½ oignon tranché fin
1 bouquet de branches de persil
1 cuill. à café de grains de poivre noir
1 cuill. à soupe de sel de mer
1 feuille de laurier

Préparez le court-bouillon : mettez tous les ingrédients nécessaires dans une grande cocotte et laissez mijoter 20 min à feu doux.

Amenez de nouveau à petit bouillon et plongez les ailes de raie. Pochez-les 10 à 12 min.

Pendant ce temps, faites fondre le beurre dans une petite sauteuse en la tournant : lorsqu'il commence à prendre une couleur brun-noisette, filtrez-le dans une casserole propre, puis agrémentez-le d'un filet de vinaigre et de câpres.

Servez les ailes de raie sur de grandes assiettes chaudes et, à l'aide d'une cuillère, nappez-les de beurre brun aux câpres.

Pour accompagner ce plat, rien n'est meilleur que de simples pommes de terre bouillies.

Saumon sauvage à la sauce hollandaise

De plus en plus difficile à se procurer, le saumon sauvage a retrouvé son statut de poisson de luxe. Le poisson d'un rose vif, élevé dans les fermes piscicoles, qui en est le parent pauvre, n'a réellement rien d'excitant, mis à part quelques cas exceptionnels, comme le saumon écossais de l'Orkney Salmon Company, un consortium de cinq fermes marines où le saumon est toujours élevé dans un style traditionnel, sans antibiotiques ni hormones. D'un rose pâle, il exhale un parfum exquis et délicat.

4 cuill. à soupe de farine sans levure
sel et poivre blanc
4 cuill. à soupe de beurre clarifié
4 steaks de saumon sauvage ou de filets coupés d'environ 175 g chacun
2 citrons coupés en quatre
sauce hollandaise (page 66)

Mélangez la farine, le sel et le poivre sur un plat. Juste avant la cuisson, chauffez le beurre clarifié dans une sauteuse. Quand il grésille, passez rapidement les steaks de saumon dans la farine, secouez-les pour les débarrasser d'un éventuel excès, puis faites-les cuire sur leurs deux faces, environ 3 min, selon leur épaisseur et votre préférence (3 min suffisent pour un poisson légèrement cuit au centre et enrobé d'une croûte dorée).

Nos légumes d'accompagnement favoris sont les fèves, l'oseille, les épinards et les pois frais, parfaits avec des pommes de terre nouvelles. Pour que ce plat soit complet, servez-le avec des quartiers de citron et une sauce hollandaise.

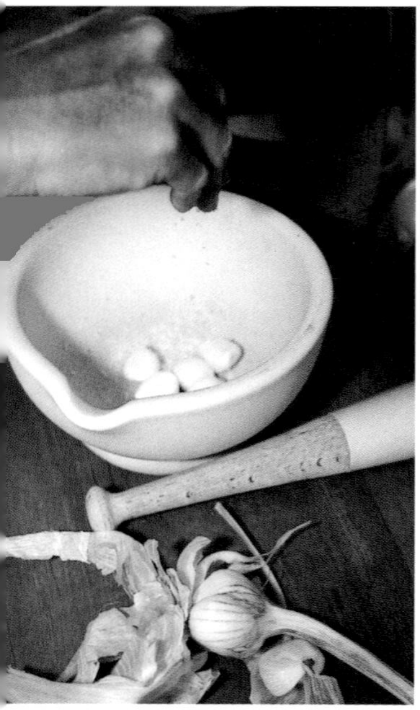

Le grand aïoli

Pour 6 à 8 personnes :
1 à 1½ kg de poisson blanc
court-bouillon (page 75)
une sélection des légumes suivants, de préférence très jeunes :
artichauts, asperges, fèves, carottes, courgettes, haricots verts, chou-rave, petits pois, pommes de terre
8 œufs
tomates, radis, cœurs de laitue coupés

Pour l'aïoli :
8 gousses d'ail – de préférence douces et nouvelles
sel gemme
3 jaunes d'œufs
environ 50 cl d'une bonne huile d'olive
1 filet de jus de citron

Pochez le poisson à feu très doux dans le court-bouillon (environ 10 min, ce temps de cuisson variant selon son épaisseur) jusqu'à ce que sa chair s'émiette lorsque vous le touchez de la pointe d'un couteau. Retirez-lui ensuite la peau et les arêtes en essayant de le conserver entier. Laissez-le refroidir, puis disposez-le au centre d'un grand plat de service.

Durant ce temps, faites cuire séparément les légumes à la vapeur ou dans une eau frémissante. Laissez-les refroidir et dressez-les autour du poisson.

Faites cuire les œufs (ils doivent être à peine durs). Refroidissez-les dans l'eau froide, écalez-les, puis coupez-les en deux et disposez-les sur le plat avec les tomates, les radis et les cœurs de laitue.

Pour préparer l'aïoli, écrasez l'ail dans un mortier avec un peu de sel gemme et travaillez le tout jusqu'à l'obtention d'une pâte. Mélangez les jaunes d'œufs, incorporez-les à cette pâte, puis versez l'huile d'olive par-dessus, goutte à goutte. Quand cette préparation commence à épaissir, continuez de faire couler l'huile, cette fois en filet continu, comme pour une mayonnaise. L'aïoli devant être épais, doré et luisant, contentez-vous d'un mince filet de jus de citron pour éviter de trop l'allonger.

Ce plat, qui doit être servi à température ambiante, est tout simplement merveilleux lorsqu'il est savouré dehors, aux beaux jours, avec un petit rosé de Provence frappé. Apportez l'aïoli dans son mortier, chacun pourra ainsi en napper à son goût son poisson et ses légumes.

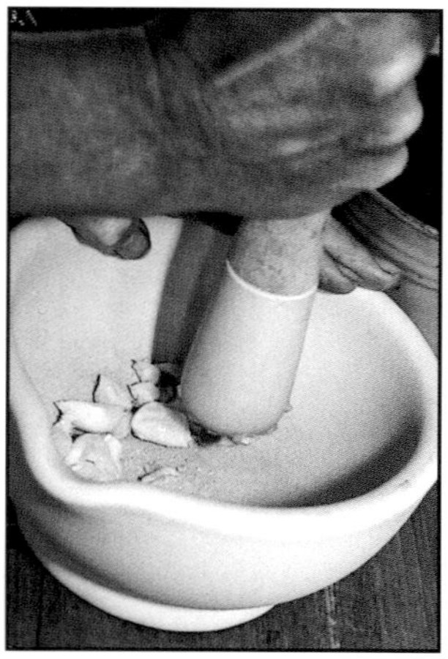

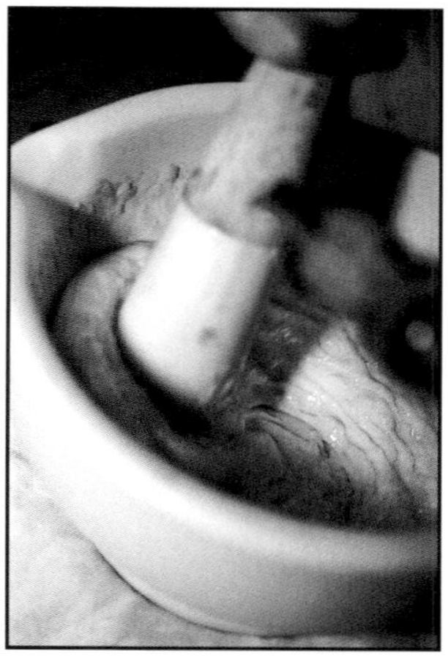

Turbot au beurre blanc

Le turbot, qui est l'un des poissons les plus fins et les plus onéreux, est considéré à juste titre comme un véritable luxe. Grâce à son extrême qualité, il se suffit à lui-même et il est donc inutile de le noyer sous les accompagnements. Vous pouvez le préparer, soit à la vapeur – il doit alors être à peine cuit – ou dans un court-bouillon léger où il sera légèrement poché. Traditionnellement considéré comme la sauce idéale pour le brochet ou l'alose, le beurre blanc léger se marie parfaitement avec la chair blanche et ferme du turbot.

court-bouillon (page 75)
800 g de filet de turbot en portions de 200 g

Pour le beurre blanc :
6 échalotes hachées très fin
20 cl de vinaigre de vin blanc
20 cl de vin blanc
10 cl d'eau
200 g de beurre très froid – coupé en petits dés

Préparez la sauce : dans une petite casserole, portez à ébullition les échalotes, le vinaigre, le vin et l'eau, puis poursuivez la cuisson jusqu'à ce que la sauce ait réduit à ⅓.

Retirez la casserole du feu, incorporez les dés de beurre un à un. Transférez ensuite la sauce dans une saucière. Conservée au-dessus d'une casserole d'eau bouillante, elle restera chaude jusqu'au moment de servir.

Pochez le turbot 5 min dans le court-bouillon, puis disposez-le sur des assiettes chaudes. Servez la sauce séparément.

Beurre maître d'hôtel

Cette sauce simplissime est délicieuse avec une viande ou un poisson grillés.

200 g de beurre à température ambiante
1 gros bouquet de persil haché très fin
le jus de ½ citron

Travaillez le beurre pour l'attendrir, puis incorporez le persil et le jus de citron.

Couvrez-le de film étirable et conservez-le au réfrigérateur jusqu'à utilisation.

Noix de Saint-Jacques à la provençale

Cette recette ne se prépare qu'avec des noix de Saint-Jacques très fraîches – n'utilisez surtout pas de noix surgelées – qui doivent être dorées et croustillantes à souhait.

12 grosses noix de Saint-Jacques
8 tomates pelées (page 62), coupées en deux
sel et poivre
100 g de beurre clarifié
3 gousses d'ail hachées fin
1 poignée de persil haché

Environ 1 h avant la cuisson, disposez les noix de Saint-Jacques sur un plat garni de plusieurs feuilles de papier absorbant, de façon à éliminer le liquide qui s'en écoulera.

Préchauffez le four à 200 °C/Th. 5. Mettez les tomates dans un plat à gratin. Salez, poivrez, puis enfournez 35 min, jusqu'à attendrissement.

Pendant ce temps, chauffez le beurre clarifié dans une sauteuse. Lorsqu'il grésille, saisissez rapidement les noix de Saint-Jacques. Si la poêle est assez chaude, elles doreront tandis que leur cœur, à peine cuit, restera délicieusement fondant.

Incorporez-les ensuite aux tomates, puis parsemez d'ail et de persil. Vous pouvez également mélanger l'ail dans la poêle avec une noix de beurre, puis en napper les noix de Saint-Jacques et les tomates avec le persil. Il ne vous restera plus qu'à servir !

Crabe

Le crabe est l'un des meilleurs crustacés et il nous arrive de le préférer au homard. Lorsque vous en consommez, l'essentiel est d'avoir du temps. Quel sacrilège, en effet, de l'avaler sur un coin de table sans se délecter de ses moindres morceaux. Pour l'accompagner, un simple pain complet, du beurre, de la mayonnaise et ½ citron suffisent. Si vous le servez en entrée, prévoyez ½ crabe par personne.

4 crabes (entre petits et moyens)

Si vous avez acheté des crabes vivants, la manière la plus humaine – ou la moins cruelle – de les préparer est de les placer dans votre congélateur, à -18 °C, pendant environ 2 h ; ils entreront ainsi dans un état d'hibernation qui insensibilisera leur système nerveux.

Si votre congélateur est trop petit, armez-vous de courage. Retournez chaque crabe sur le dos, puis, en prenant soin de ne pas vous trouver sur la trajectoire des pinces, soulevez la queue et insérez un couteau aiguisé dans la petite dépression qui s'y trouve : une manière radicale de sectionner le nerf central et de tuer immédiatement le crabe. S'il se contracte violemment, ne vous inquiétez pas, il s'agit seulement d'un mouvement convulsif.

Portez ensuite une grande cocotte d'eau salée à ébullition et remplissez l'évier d'eau froide. Plongez les crabes dans l'eau bouillante, puis faites-les cuire 15 min. Selon la taille de votre faitout, vous serez peut-être obligé de les cuire un par un. Sortez-les de l'eau bouillante et placez-les dans l'eau glacée afin de les refroidir rapidement. Dès qu'ils sont froids, placez-les au réfrigérateur.

Si cette opération vous révulse, un seul remède… commandez des crabes cuits chez votre poissonnier !

Soles meunières

La sole est un mets rare. Pour apprécier sa chair exquise et délicate, inutile de multiplier les accompagnements. Faites-la simplement griller ou poêler, et savourez-la !

4 soles de 250 g à 300 g chacune
1 cuill. à soupe de farine sans levure
sel et poivre blanc
100 g de beurre clarifié
100 g de beurre fondu
le jus de 2 citrons
1 poignée de persil haché fin

À moins que votre poissonnier ne l'ait fait pour vous, vous devrez retirer la peau des soles. Commencez par leur face la plus sombre, en incisant juste au-dessus de la nageoire de queue. En tenant la sole d'une main, tirez fermement la peau vers la tête d'un geste vif. Pour vous aider, maintenez-la à l'aide d'un torchon. Retournez ensuite la sole et renouvelez l'opération sur l'autre face. Attention à ne pas retirer l'arête centrale.

Passez ensuite les soles dans la farine. Salez et poivrez légèrement. Chauffez le beurre clarifié dans une poêle et faites dorer chaque sole, environ 5 min de chaque côté, avant de les transférer sur un plat à maintenir au chaud. Quand la cuisson est terminée, réchauffez le beurre, le jus de citron et le persil dans la poêle en la faisant tourner, puis versez cette sauce sur les soles. Servez-les avec des pommes de terre bouillies.

Moules marinière

Bien des recettes utilisent cette méthode classique de cuisson des moules. Les moules marinière figurent au menu de tout bistrot, qu'il soit anglais, français ou américain.

30 cl de vin blanc sec
1 filet de vinaigre de vin blanc
2 grosses échalotes hachées fin
1 branche de thym
1 feuille de laurier
2 kg de moules lavées et grattées

Pour la sauce :
50 g de beurre
1 poignée de persil haché fin
sel et poivre

Dans une grande cocotte, portez à ébullition le vin et le vinaigre avec les échalotes, le thym et la feuille de laurier. Plongez les moules et faites-les cuire à couvert sur feu vif. Régulièrement, secouez la cocotte avec vigueur afin de faire remonter les moules du dessous.

Lorsque les moules sont ouvertes, retirez la cocotte du feu et transférez-les dans un grand plat de service en prenant soin de jeter toutes celles qui sont restées fermées.

Retirez la feuille de laurier et le thym du jus de cuisson, puis incorporez le beurre et le persil haché. Rectifiez l'assaisonnement et nappez les moules de cette sauce.

Mouclade

Cuites selon la recette des moules marinière (ci-contre), les moules sont ensuite incorporées dans ce plat riche et parfumé, idéal pour un déjeuner, simplement accompagné d'une salade, ou comme entrée substantielle, il sera alors servi en moindre quantité.

2 kg de moules lavées et grattées
2 grosses ou 3 petites échalotes émincées fin
30 cl de vin blanc sec
1 filet de vinaigre de vin blanc
1 branche de thym
1 feuille de laurier

Pour la sauce :
2 échalotes émincées fin
100 g de beurre
1 cuill. à soupe de farine sans levure
1 grosse pincée de safran
15 cl de crème épaisse
1 poignée de persil haché fin
sel et poivre blanc

Faites cuire les moules avec les échalotes, le vin, le vinaigre et les herbes selon la recette des moules marinière (ci-contre). Retirez les moules du bouillon – réservez-le – puis sortez-les de leurs coquilles (jetez celles qui ne se sont pas ouvertes). Placez-les ensuite dans un plat à gratin creux de 1½ litre.

Faites fondre les échalotes dans le beurre jusqu'à ce qu'elles s'attendrissent et deviennent translucides – attention à ne pas les laisser roussir. Incorporez ensuite la farine, poursuivez la cuisson quelques instants de façon à préparer un roux. Lorsque le roux se met à bouillonner, allongez-le de 1 ou 2 louches de bouillon de moules, puis ajoutez les filaments de safran. Brassez vigoureusement. La sauce obtenue étant relativement épaisse, incorporez la crème. Si vous la jugez encore trop épaisse, délayez-la avec davantage de bouillon ou de crème. Terminez avec le persil. Goûtez et, si besoin est, salez et poivrez.

Préchauffez le four à 230 °C/Th. 6. A l'aide d'une cuillère, nappez les moules de sauce, puis passez-les de 5 à 8 min au four ou au gril, jusqu'à ce qu'elles dorent et que leur surface commence à bouillonner.

Écrevisses

Nos rivières et nos fleuves regorgent d'écrevisses – beaucoup d'établissements piscicoles les considèrent d'ailleurs comme une menace – mais, curieusement, elles demeurent difficiles à trouver. Vous pouvez les commander chez votre poissonnier, ou, si vous connaissez une ferme piscicole, demander au responsable de vous mettre un filet de côté ! Faites-les dégorger 1 ou 2 jours, lavez-les et châtrez-les (c'est-à-dire, enlevez les intestins). La meilleure façon de les préparer est de les faire bouillir, puis de les servir avec de la mayonnaise. La bisque d'écrevisses, réalisée avec les carapaces, est un délice. L'un de nos meilleurs souvenirs est un gratin d'écrevisses goûté chez Paul Bocuse, dans son restaurant de la banlieue lyonnaise – l'un de ces hauts lieux qui méritent le détour.

50 g de sel
6 à 8 écrevisses par personne
1 gros bouquet d'aneth
mayonnaise (page 49) pour servir

Portez une grande cocotte d'eau à ébullition, puis salez-la. Lorsqu'elle bout à gros bouillon, plongez-y les écrevisses avec l'aneth. Faites-les cuire environ 5 min jusqu'à ce que leurs carapaces prennent une belle couleur rouge vif.

Pendant ce temps, remplissez l'évier de glace pilée et d'eau froide. Sortez les écrevisses de la cocotte et transférez-les dans l'évier afin de les refroidir. Il ne vous restera plus ensuite qu'à les servir avec une succulente mayonnaise.

Pour un effet scandinave garanti, dégustez-les avec de l'aquavit glacé et des pintes de bière blonde !

Le 12 août, qui marque en Suède l'ouverture de la pêche aux krefte *(écrevisses), est également le jour de l'ouverture de la chasse à la grouse en Angleterre. Les fêtes données pour célébrer cette journée sont chargées de légendes – des montagnes d'écrevisses y sont consommées avec des quantités impressionnantes de bière et d'aquavit, ce qui conduit tout naturellement à des excès... physiques, dont nous vous laissons imaginer l'ampleur ! Un événement situé à des années-lumière de la respectabilité entourant la chasse à la grouse.*

Brandade de morue

Curieusement, la morue sèche salée, venue de Norvège ou d'Islande, figure dans de nombreuses recettes des pays méditerranéens, peut-être en souvenir des jours fastueux du catholicisme, qui interdisait la consommation de viande. Pour vous en procurer, les meilleurs endroits sont généralement les boutiques de spécialités espagnoles ou portugaises. La recette proposée ici est celle du plat classique tel qu'on peut le déguster à Nîmes. Avant la cuisson, la morue doit impérativement être dessalée, soit dans plusieurs eaux froides, soit sous un jet d'eau courante. Quelle que soit la méthode utilisée, elle ne doit pas être inférieure à 18 h et durer de préférence 24 h. Après quoi, la morue est enfin prête pour la cuisson.

1 oignon haché fin
½ cuill. à café de grains de poivre noir
1 feuille de laurier
500 g de morue salée
50 cl d'huile d'olive chaude
1 grosse gousse d'ail écrasée
15 cl de crème liquide chaude
sel et poivre blanc

Dans une cocotte à moitié remplie d'eau, faites cuire 15 min à léger frémissement l'oignon, les grains de poivre et la feuille de laurier. Ajoutez la morue, portez à ébullition, puis retirez la cocotte du feu et laissez reposer 10 min.

Retirez la morue de l'eau, dépouillez-la et ôtez ses arêtes. Jetez l'eau et sa garniture aromatique.

Dans une sauteuse, faites chauffer 10 cl d'huile d'olive et l'ail, puis mettez la morue. À feu très doux, écrasez-la de façon à constituer une pâte. Tout en la tournant et l'écrasant vigoureusement, ajoutez progressivement l'huile chaude restante en alternant avec la crème liquide. La préparation obtenue doit être lisse et blanche. Goûtez et relevez de sel et de poivre blanc, si nécessaire.

La brandade se sert tiède avec de la baguette toastée à l'huile d'olive. Merveilleusement réconfortant, ce plat inciterait presque à la spiritualité.

Hachis de poisson

La simplicité de ce plat populaire – encore un beau souvenir d'enfance – dément la somme de travail et de casseroles qu'il nécessite. Préparez-le à l'avance, afin que les douces odeurs de cuisson aient le temps de s'évanouir avant que vous ne passiez à table ! Vous pouvez aisément doubler les quantités : ce hachis s'améliore avec sa taille.

70 cl de lait
25 cl d'eau
quelques branches de persil
½ oignon tranché
1 feuille de laurier
800 g de poisson blanc, dont la moitié doit être de l'aiglefin
60 g de beurre
60 g de farine sans levure
1 poignée de persil haché
1 cuill. à soupe d'essence d'anchois
4 œufs durs écalés et grossièrement hachés
250 g de crevettes décortiquées
poivre

Pour la purée de pommes de terre :
750 g de pommes de terre coupées en morceaux
50 g de beurre
30 cl de lait

Préparez la purée : faites bouillir les pommes de terre dans une eau légèrement salée jusqu'à tendreté, puis égouttez-les et recouvrez-les d'un linge afin de les sécher. Faites fondre le beurre avec la moitié du lait dans la casserole utilisée pour la cuisson des pommes de terre. Passez ces dernières dans la préparation au beurre et au lait – au presse-purée ou à la plus fine grille du moulin à légumes. Mélangez bien, puis ajoutez du lait jusqu'à obtention de la consistance désirée.

Dans une casserole, portez à ébullition les 70 cl de lait et les 25 cl d'eau avec les branches de persil, l'oignon tranché et la feuille de laurier. Réduisez à petit frémissement, et pochez le poisson jusqu'à cuisson complète (environ 10 min). Retirez-le avec une écumoire. Ôtez la peau et les arêtes, puis émiettez-le sur un plat à gratin. Réservez le liquide.

Faites fondre le beurre dans une grande cocotte. Incorporez la farine et faites cuire légèrement tout en brassant avec une cuillère en bois. Passez 70 cl du liquide réservé au chinois sans cesser de brasser. Lorsque vous obtenez une sauce ayant la consistance d'une crème épaisse, ajoutez le persil haché, l'essence d'anchois, les œufs et les crevettes. Goûtez et poivrez à votre convenance (inutile de saler), puis versez cette sauce sur le poisson émietté. Tournez délicatement le plat afin de bien répartir la sauce et garnissez de purée de pommes de terre.

Vous pouvez conserver ce hachis au réfrigérateur, mais il faut alors le sortir au moins 1 h avant le début de la cuisson.

Préchauffez le four à 200 °C/Th. 5. Mettez votre plat à gratin au four et faites-le cuire de 30 à 45 min, jusqu'à ce que le hachis prenne une belle couleur dorée et commence à bouillonner légèrement sur les bords.

Nous dégustons toujours ce plat avec des petits pois – frais en été, surgelés en hiver.

Galettes de poisson

Ces galettes sont tout simplement des poissons panés pour adultes. Vous pouvez les préparer avec du poisson blanc, du poisson fumé ou, luxe suprême, avec du saumon.

3 grosses pommes de terre à cuire au four
500 g de poisson cuit, dépouillé et émietté
2 cuill. à soupe de persil haché fin
1 cuill. à soupe d'essence d'anchois
1 filet de jus de citron
30 g de beurre
sel et poivre blanc
1 œuf légèrement battu
2 cuill. à soupe de farine sans levure
1 ou 2 cuill. à soupe de beurre clarifié ou d'huile
2 citrons coupés en deux pour servir

Préchauffez le four à 200 °C/Th. 5.
Faites cuire les pommes de terre 1 h jusqu'à cuisson complète. Épluchez-les et écrasez-les.

Dans un saladier, mélangez le poisson émietté, le persil haché, l'essence d'anchois, le jus de citron, le beurre, le sel et le poivre blanc. Incorporez ensuite suffisamment d'œuf battu pour obtenir une pâte ferme.

Enduisez vos mains de farine et façonnez les galettes – 4 grandes ou 8 petites. Mettez-les 30 min au réfrigérateur.

Nappez-les ensuite de farine, puis faites-les revenir dans le beurre clarifié ou l'huile jusqu'à ce qu'elles dorent. Servez-les immédiatement avec les moitiés de citron.

Nous servons également ces galettes avec de la sauce tomate ou une sauce à l'oseille, idéale avec les galettes de saumon.

Entrecôte béarnaise

Classique des bistrots parisiens, cette viande grillée, qui s'accompagne généralement de frites (nous préférons des pommes de terre rissolées) et d'une sauce béarnaise savoureuse, reste un plat prisé. La sauce béarnaise – véritable péché – est tout aussi délicieuse avec d'autres viandes grillées, comme les rognons ou les côtelettes d'agneau.

1 cuill. à soupe de beurre clarifié
sel et poivre
4 entrecôtes de 200 g à 250 g chacune

Pour la sauce béarnaise :
1 gros bouquet d'estragon
2 échalotes hachées très fin
10 cl de vin blanc
10 cl de vinaigre d'estragon
2 jaunes d'œufs
250 g de beurre coupé en dés

Pour réaliser la sauce béarnaise, retirez les feuilles tendres de l'estragon, au sommet des brins, et réservez-les. Hachez les feuilles restantes, mettez-les dans une petite casserole avec les échalotes, le vin blanc et le vinaigre, et faites réduire à feu doux (vous devez obtenir environ l'équivalent de 1 cuill. à soupe pleine).

Filtrez le liquide dans un bol propre au-dessus d'une casserole d'eau bouillante, ajoutez les jaunes d'œufs sans cesser de fouetter jusqu'à épaississement léger de la sauce. Maintenez à feu très vif. Incorporez ensuite le beurre, un dé à la fois. Cette fois, la sauce doit devenir très épaisse. Hachez l'estragon réservé, puis incorporez-le. Goûtez. Si nécessaire, salez avant d'éteindre le feu. Vous pouvez maintenir la sauce béarnaise quelque temps au chaud dans un bol au-dessus d'une eau chaude.

Pour cuire les steaks, faites chauffer le beurre clarifié dans une poêle à frire. Lorsqu'il grésille, saisissez la viande que vous aurez préalablement salée et poivrée, de 3 à 5 min de chaque côté, selon l'épaisseur des tranches et la cuisson désirée.

Transférez chaque entrecôte sur une assiette chaude et laissez reposer de 3 à 5 min avant de servir avec la sauce béarnaise, chaude elle aussi.

Si vous êtes pressé, le beurre maître d'hôtel (page 82) est plus rapide à réaliser que la sauce béarnaise, et tout aussi savoureux.

Onglet aux échalotes

Le plus difficile, dans cette recette, est de trouver l'onglet ou le flanchet de bœuf, une viande exquise et relativement bon marché. Tout bon boucher se doit d'en avoir, parfaitement préparée (priez le ciel pour qu'elle n'ait pas été vendue aux chefs des environs !). Relativement maigre, l'onglet doit être simplement saisi et servi saignant, sous peine de durcir et de sécher.

700 g à 800 g d'onglet – 175 g à 200 g par personne
100 g de beurre clarifié
12 à 16 échalotes hachées
1 verre de vin blanc
sel et poivre
1 gros filet de vinaigre de vin – nous utilisons du vinaigre à l'estragon
1 grosse poignée de persil haché

Incisez l'onglet en croix sur ses deux faces, en tranchant presque complètement les longs muscles de la viande.

Dans une poêle en fonte, chauffez la moitié du beurre. Lorsqu'il grésille, faites revenir très rapidement les steaks – environ 1 min de chaque côté, l'idéal étant de les saisir tout en laissant le cœur saignant. Retirez-les de la poêle et laissez-les reposer en les maintenant au chaud durant la cuisson de la sauce aux échalotes.

Pour celle-ci, chauffez le beurre restant dans la poêle. Jetez-y les échalotes et faites-les cuire doucement jusqu'à ce qu'elles dorent et commencent à fondre. Incorporez alors le vin blanc, le sel et le poivre, ainsi que le vinaigre, puis raclez la poêle à l'aide d'une spatule afin de la déglacer. Au dernier moment ajoutez le persil.

Dressez les onglets sur des assiettes très chaudes, puis nappez-les de sauce aux échalotes à la cuillère.

Queue de bœuf braisée

Rien de tel qu'une froide journée d'hiver pour rêver de ragoûts nourrissants, l'un des plus tentants étant sans conteste la queue de bœuf. Comme la plupart des plats braisés, celui-ci est bien plus savoureux lorsqu'il est préparé la veille : vous pouvez ainsi retirer très facilement l'excès de graisse qui s'est formé et ses parfums se sont enrichis. La queue de bœuf braisée est délicieuse avec une purée de pommes de terre ou de panais, ou un légume légèrement âcre comme le chou rouge.

2 carottes
2 oignons
2 branches de céleri
1 noix de beurre
1 noix de graisse de rôti
2 cuill. à soupe de farine
sel et poivre
2 queues de bœuf détaillées
1 verre de vin rouge
800 g de tomates pelées en boîte
1 cuill. à soupe de marmelade d'orange amère
le zeste de 1 orange épluché finement

Préchauffez le four à 140 °C/Th. 3. Broyez finement au mixeur les carottes, l'oignon et le céleri.

Dans une grande cocotte, faites fondre le beurre, puis revenir doucement les légumes hachés en les tournant de temps en temps. Veillez à ce qu'ils ne colorent pas.

Pendant ce temps, faites fondre la graisse de rôti dans votre plus grande poêle à frire. Salez et poivrez la farine puis transférez-la dans un grand sachet de polyéthylène avec la queue de bœuf (quelques morceaux à la fois).

Secouez vigoureusement afin de napper tous les morceaux de farine. Faites-les revenir dans la graisse de rôti en bains successifs. Quand ils sont bien dorés, transférez-les dans la cocotte avec les légumes.

Jetez la graisse de cuisson, puis remettez la poêle sur le feu et incorporez le vin, les tomates et la marmelade. Portez à ébullition en grattant le fond à l'aide d'une spatule pour dissoudre les sucs caramélisés. Faites réduire et épaissir légèrement la sauce, puis versez-la sur la viande et les légumes. Fermez avec un couvercle parfaitement ajusté, enfournez et laissez cuire entre 2½ h et 3 h – la viande doit alors se détacher virtuellement de l'os.

Retirez la cocotte du four et laissez-la refroidir au frais. Le lendemain, la graisse solidifiée se retirera très facilement. Réchauffez la cocotte à feu doux (pour que le ragoût soit bien chaud, comptez une trentaine de minutes). Incorporez le zeste d'orange, salez, poivrez, et tournez régulièrement afin qu'il n'attache pas.

Servez sur des assiettes très chaudes accompagné de purée de pommes de terre.

Pain de viande et de rognons

Un plat légendaire de la vieille Angleterre. Autrefois, la viande de bœuf était un luxe. On y ajoutait des huîtres, alors meilleur marché, pour augmenter la quantité de farce. La farce crue était placée dans la pâte à pudding et cuite à la vapeur. Quant à nous, nous la cuisons à part, puis la faisons refroidir avant de l'incorporer à la tourte. Si vous utilisez des huîtres, mélangez-les à la farce cuite, ou pochez-les et servez-les à part.

1 gros oignon grossièrement haché
75 g de graisse de rôti de bœuf ou de beurre
1 kg de bœuf à braiser coupé en dés
35 cl de bouillon de bœuf (page 246)
1 cuill. à café de ketchup aux champignons
1 cuill. à café de sauce Worcestershire
20 cl de vin rouge
1 cuill. à café d'essence d'anchois
450 g de rognons de bœuf, sans la partie centrale, coupés en dés

Pour la pâte à pudding :
300 g de farine à gâteau
½ cuill. à café de sel
½ cuill. à café de poivre blanc
120 g de graisse de rognon
eau glacée

Dans une grande cocotte allant au four, faites blondir l'oignon dans la graisse de rôti ou le beurre. Réservez-le, puis faites revenir la viande en plusieurs fois. Laissez-la reposer avec l'oignon.

Jetez la graisse de cuisson et replacez la casserole sur le feu. Versez le bouillon, le ketchup aux champignons, la sauce Worcestershire, le vin et l'essence d'anchois. Amenez à petit frémissement en grattant le fond avec une spatule pour dissoudre les sucs caramélisés. Remettez la viande et l'oignon, puis ajoutez les rognons. Laissez mijoter 1½ h à couvert et petit frémissement, ou placez la cocotte dans le four préchauffé à 140 °C/Th. 3. Laissez refroidir, si possible toute la nuit.

Préparez la pâte au moins 4 h avant de passer à table. Pour cela, mélangez la farine, le sel, le poivre et la graisse de rognon dans un grand bol et délayez : ajoutez peu à peu de l'eau glacée afin d'obtenir une pâte molle mais qui soit encore ferme. Avec un rouleau ou la paume de la main, étalez la pâte et façonnez un large cercle. Découpez-en un quart, puis utilisez le plus gros morceau pour tapisser un moule à pudding préalablement beurré de 2 l. Versez-y la préparation à la viande froide, en ajoutant assez de sauce pour remplir le moule jusqu'à 2 cm du bord. Humidifiez les bords de la pâte et utilisez celle qui vous reste pour recouvrir le moule. Placez par-dessus une feuille de papier sulfurisé beurrée, légèrement plissée, puis une feuille de papier d'aluminium.

Remplissez une grande casserole d'eau (jusqu'à mi-hauteur). Portez-la à ébullition, et plongez-y le moule. Couvrez, laissez bouillir 10 min à gros bouillon, puis réduisez le feu et continuez la cuisson à petit bouillon de 2½ h à 3 h. Si l'eau s'évapore, remettez de l'eau bouillante. À la fin de la cuisson, sortez le moule, ceignez-le d'une grande serviette, et servez.

Bœuf en daube

Comme beaucoup de plats braisés nécessitant une cuisson lente, celui-ci est bien meilleur lorsqu'il est cuisiné la veille.

2 cuill. à soupe de graisse de rôti de bœuf
500 g d'oignons tranchés
800 g à 900 g de hampe coupée en larges tranches
eau bouillante
4 gousses d'ail
1 poignée de persil haché fin
8 à 10 filets d'anchois salés
3 cuill. à soupe de vinaigre de vin rouge
sel et poivre

Préchauffez le four à 160 °C/Th. 3.
Faites fondre la moitié de la graisse de rôti dans une grande cocotte allant au four, puis faites blondir lentement les oignons jusqu'à ce qu'ils attendrissent – comptez pour cela de 20 à 30 min.

Pendant ce temps, dans une poêle à frire, faites revenir les tranches de rôti en plusieurs fois dans la graisse de rôti restante préalablement fondue. Lorsqu'ils sont bien dorés, mettez-les dans la cocotte avec les oignons, puis recouvrez d'eau bouillante. Laissez cuire à couvert et au four de 1 h à 1½ h, jusqu'à ce que la viande devienne tendre.

Juste avant de servir, hachez très finement l'ail, le persil et les anchois et incorporez-les avec le vinaigre de vin rouge. Goûtez. Salez et poivrez, si nécessaire.

Ce plat est délicieux avec des pommes de terre bouillies, des carottes braisées et une laitue pommée ou romaine, croquante, que vous assaisonnerez de ses seuls jus braisés.

Côte de bœuf

Comment résister à la vue et à l'odeur exquises d'une côte de bœuf et d'une sauce au raifort ? Pour un résultat optimal, achetez la meilleure viande que vous puissiez trouver, si possible bio, chez un excellent boucher. Elle aura alors été correctement préparée et sera suffisamment grasse – ce qui est essentiel pour son parfum et sa texture. Recherchez une viande d'un rouge sombre, presque bordeaux, et au gras d'un jaune crémeux. Selon l'appétit de vos convives, prévoyez deux ou trois tranches par personne. Demandez à votre boucher de vous donner les garnitures.

Pour 6 à 8 personnes :

1 morceau de bœuf de 2 à 3 kg sur l'os, avec les garnitures
sel et poivre

Pour la sauce :

1 verre de vin rouge
1 oignon grossièrement haché
1 carotte grossièrement hachée
1 branche de céleri grossièrement hachée
quelques branches de persil
quelques cèpes séchés, trempés 15 min dans un saladier d'eau chaude
1 filet d'essence d'anchois

Préchauffez le four à environ 220 °C/Th. 6. Mettez le bœuf dans un plat à rôtir et piquez-le de sel et de poivre (dans le gras). Ajoutez les garnitures. Enfournez et faites cuire 15 min par 450 g si vous aimez une viande saignante, 20 min si vous la préférez à point, 25 min, bien cuite. Après cuisson, retirez les garnitures. Réservez-les.

Dans une petite casserole, portez le vin à ébullition, enflammez-le et laissez les flammes s'éteindre. Incorporez les garnitures, l'oignon, la carotte, le céleri, le persil et les champignons avec leur jus de trempage. Portez de nouveau à ébullition, puis poursuivez la cuisson à petit frémissement environ 1 h, en veillant à remettre de l'eau si le jus réduit trop.

Lorsque le bœuf est cuit, transférez-le sur un plat ou une planche à découper et recouvrez-le de papier d'aluminium afin de le maintenir au chaud, le mieux étant de le laisser reposer une vingtaine de minutes.

Filtrez la graisse du plat à rôtir dans un bol – elle vous sera très précieuse pour préparer des pommes de terre rôties ou, tout simplement, l'étaler sur un toast.

Mettez le plat à rôtir sur le feu en ajoutant le contenu de la petite casserole. Rassemblez les sucs caramélisés et écrasez les légumes dans la sauce lorsqu'elle commence à bouillir. Passez-la ensuite au chinois dans une casserole propre. Salez, poivrez, ajoutez un filet d'essence d'anchois, puis réchauffez le tout et servez avec le bœuf découpé.

Hachis parmentier

Ce plat à la fois simple et délicieux peut se préparer avec de l'agneau rôti ou du bœuf. Lorsque vous cuisinez ces viandes, n'hésitez pas à augmenter les quantités afin de pouvoir utiliser leurs restes. Vous pouvez bien sûr le préparer en faisant cuire de l'agneau haché, mais quelle satisfaction d'utiliser les restes d'un rosbif cuit la veille !

1 cuill. à soupe de graisse de rôti ou d'huile
500 g d'agneau rôti froid, y compris la peau et le gras, grossièrement haché
1 carotte hachée fin
1 branche de céleri hachée fin
1 gros oignon haché fin
25 cl de bouillon d'agneau ou de légumes, ou de reste de sauce
1 cuill. à soupe de purée de tomates
1 cuill. à soupe d'essence d'anchois
sel et poivre
1½ kg de pommes de terre épluchées et coupées en dés
20 cl de lait chaud
60 g de beurre

Préchauffez le four à 180 °C/Th. 4. Chauffez la graisse de rôti ou l'huile dans une grande sauteuse, puis faites revenir la viande et les légumes. Lorsqu'ils sont dorés, incorporez le bouillon ou la sauce, la purée de tomates et l'essence d'anchois Laissez mijoter. Salez, poivrez et poursuivez la cuisson 15 min à feu doux, puis transférez dans un plat à gratin.

Pendant ce temps, faites bouillir les pommes de terre dans une eau salée jusqu'à tendreté. Égouttez-les et laissez-les reposer 5 min dans la casserole sous un torchon. Écrasez-les ou passez-les au presse-purée. Ajoutez du lait chaud et du beurre, brassez. Vous pouvez continuer à ajouter du lait jusqu'à obtention de la consistance désirée.

À l'aide d'une cuillère, disposez délicatement les pommes de terre écrasées sur la viande dans un plat à gratin, puis lissez la surface ou, selon votre goût, tracez des sillons à la fourchette. Faites cuire environ 30 min au four. Vers la fin de la cuisson, augmentez le feu ou passez votre hachis au gril afin de le faire gratiner.

Boudin noir parmentier

Cette autre version du hachis parmentier, à base de boudin noir, est un pur délice avec une purée de pommes de terre mousseuse.

750 g de pommes de terre coupées en morceaux
2 boudins noirs en tranches épaisses
75 g de beurre
30 cl de lait

Préchauffez le four à 200 °C/Th. 5. Faites bouillir les pommes de terre dans une eau légèrement salée jusqu'à tendreté, puis faites revenir les boudins noirs dans une poêle à frire avec 25 g de beurre fondu – ils vont avoir tendance à s'émietter mais cela n'a aucune importance. Lorsqu'ils sont cuits, transférez-les dans un plat à gratin.

Égouttez les pommes de terre dans une passoire, recouvrez-les d'un linge pour qu'elles sèchent. Faites fondre ensuite le beurre restant dans la même casserole avec la moitié du lait – il est important que le lait soit brûlant. Passez les pommes de terre au moulin à légumes (utilisez la grille la plus fine) ou au presse-purée, puis incorporez-les dans la préparation au beurre et au lait jusqu'à obtention d'un mélange homogène. Selon le type de pommes de terre que vous aurez utilisé et la consistance de purée désirée, ferme ou liquide, ajoutez du lait. Lorsque la purée est terminée, nappez-en les boudins.

Enfournez 15 min, le temps qu'elle prenne une belle couleur dorée.

Servez ce hachis avec des légumes au goût prononcé, comme du chou rouge, ou une salade verte bien assaisonnée.

Bœuf mode

2 cuill. à soupe de graisse de rôti ou d'huile
1½ kg de bœuf à braiser – hampe ou gîte
100 g de chaque : carottes, oignons et céleri tranchés fin
1 pied de veau
1 feuille de laurier
1 branche de persil
1 branche de thym
50 cl de bouillon de bœuf (page 246) ou d'un mélange eau/bouillon
400 g de carottes coupées dans le sens de la longueur si elles sont grosses
sel et poivre
quelques gouttes de madère ou de porto
1 petite poignée de persil haché

Préchauffez le four à 150 °C/Th. 3. Chauffez la graisse de rôti ou l'huile dans une grande cocotte avec couvercle. Quand elle est chaude, faites revenir le bœuf jusqu'à ce qu'il soit doré et croustillant. Dégraissez au maximum votre cocotte à la cuillère, puis mettez les légumes tranchés, le pied de veau, les herbes et le bouillon. Laissez cuire à petit frémissement. Couvrez et poursuivez la cuisson au four pendant 1½ h.

Pendant ce temps, faites cuire les 400 g de légumes mélangés: carottes, oignons, céleri dans une casserole d'eau bouillante légèrement salée (de 10 à 15 min pour qu'ils soient tendres). Égouttez-les bien, puis maintenez-les au chaud.

Retirez le bœuf de la cocotte, couvrez et maintenez-le également au chaud. Ôtez le pied de veau (qui vous fournira d'excellents restes). Dégraissez le jus braisé et passez-le au chinois dans un récipient que vous apporterez à table. Salez, poivrez, puis relevez de quelques gouttes de madère ou de porto.

Découpez le bœuf en tranches. Dressez-le ensuite sur un plat avec les légumes en vous assurant que l'ensemble est très chaud. Servez parsemé de persil haché.

De simples pommes de terre bouillies, des jeunes carottes nouvelles ou une salade verte suffisent à agrémenter ce plat.

Bœuf mode en gelée

En été, le bœuf braisé est délicieux froid, son jus s'étant alors solidifié en une gelée savoureuse. Après l'avoir dégraissé, vous pouvez le clarifier en y incorporant quelques blancs d'œufs, puis en laissant mijoter le tout une vingtaine de minutes. Il suffit alors d'écumer la mousse qui se sera formée à la surface, de tamiser le bouillon à travers plusieurs couches de mousseline, puis de découper le bœuf en tranches que vous servirez sur un plat creux avec des carottes. À l'aide d'une louche, arrosez le tout de bouillon clarifié. Laissez refroidir à température ambiante, puis mettez quelques heures au réfrigérateur.

Blanquette de veau

Ce plat peut être tout simplement grandiose. Albert Roux (chef du restaurant Le Gavroche, à Londres, 3 étoiles au Michelin*), qui l'a un jour concocté pour nous, prétend que son secret repose sur la qualité du veau et de la crème.*

700 g d'épaule de veau ou des meilleurs morceaux, coupé en gros cubes
1 oignon
2 clous de girofle
2 carottes hachées
2 poireaux hachés
1 branche de céleri hachée
1 bouquet garni – branches de persil, thym et 1 feuille de laurier
sel et poivre blanc
le jus de 1 citron
20 échalotes
50 g de beurre
150 g de champignons de Paris
15 cl de crème
2 jaunes d'œufs
1 poignée de persil haché fin

Dans une grande cocotte allant au four, mettez le veau, l'oignon piqué de clous de girofle, les carottes, les poireaux, le céleri, le bouquet garni, le poivre blanc et le jus de citron. Recouvrez d'eau, puis amenez à petit frémissement en prenant soin d'écumer la surface. Laissez mijoter doucement 1½ h. Transférez ensuite les morceaux de viande dans une cocotte.

Faites revenir doucement les échalotes dans une sauteuse avec la moitié du beurre. Veillez à ce qu'elles ne roussissent pas, puis incorporez-les au veau.

Faites cuire légèrement les champignons en utilisant le même beurre. Mettez-les à leur tour dans la cocotte.

Versez le beurre restant et la crème dans une poêle, puis laissez mijoter jusqu'à ce que la sauce épaississe légèrement. Salez.

Juste avant de servir, battez les jaunes d'œufs dans un petit bol, faites réchauffer la sauce au beurre et à la crème. Lorsqu'elle commence à peine à frémir, incorporez 1 cuill. à soupe de crème dans les jaunes d'œufs en tournant délicatement. Retirez la casserole du feu. Versez la préparation aux œufs dans la crème, puis faites couler la sauce obtenue sur le veau et liez le tout.

Parsemez votre blanquette de persil haché fin et servez-la avec du riz bouilli nature.

Rognons de veau grillés

Simplement grillé et servi avec un beurre d'anchois (ci-dessous) ou un beurre maître d'hôtel (page 82), le rognon de veau est l'un des plats d'abats les plus simples et délicieux qui soient. Si possible, achetez les rognons avec leur graisse ; elle se congèle parfaitement et, hachée fin, devient sublime dans la préparation d'une pâte à pudding.

2 rognons de veau
sel et poivre
1 petit morceau de graisse de rognon ou 1 cuill. à soupe de beurre clarifié

Découpez chaque rognon en deux dans le sens de la longueur. Salez et poivrez.

Dans une poêle, faites-les revenir rapidement dans leur graisse ou dans le beurre fondu – l'idéal étant qu'ils soient dorés en surface et rosés à l'intérieur.

Servez-les immédiatement sur des assiettes très chaudes, agrémentés d'un beurre d'anchois ou maître d'hôtel.

Pour les accompagner, rien de tel que des pommes de terre rissolées (page 171) et des légumes verts.

Côtelettes de veau au beurre d'anchois

Le beurre d'anchois utilisé dans ce plat est tout aussi savoureux avec des viandes grillées, du poisson, des œufs durs, qu'étalé sur un toast.

1 cuill. à soupe de beurre clarifié
4 côtelettes de veau
cresson pour servir

Pour le beurre d'anchois :
50 g de filets d'anchois salés, conservés dans l'huile et égouttés
150 g de beurre ramolli
1 filet de jus de citron

Pour préparer le beurre d'anchois, écrasez les anchois dans un saladier solide – l'idéal étant un mortier – jusqu'à l'obtention d'une pâte. Incorporez le beurre et travaillez le tout en versant un léger filet de jus de citron.

Pour un fini plus délicat, vous pouvez passer les anchois à travers un tamis, puis façonner une boule qui se conservera au frais jusqu'à utilisation. Nous le faisons rarement car nous adorons trouver de petits morceaux de poisson salé dans notre beurre.

Dans une poêle à frire, faites revenir les côtelettes dans le beurre clarifié grésillant, 5 min d'un côté – la viande doit prendre une belle couleur dorée – puis 3 min de l'autre.

Maintenez les côtelettes au chaud 5 min. Transférez-les sur des assiettes chaudes et servez avec un bouquet de cresson et une noix de beurre d'anchois.

Osso-buco

Si l'osso-buco s'accompagne traditionnellement d'un risotto alla milanese, nous le préférons avec des tagliatelle au beurre – mais quel que soit votre choix, l'essentiel demeure le gremolata *qui se saupoudre sur le plat avant dégustation. Inutile d'utiliser des cuillères spécifiques pour retirer la moelle – la lame d'un couteau fait parfaitement l'affaire.*

sel et poivre
1 cuill. à soupe de farine
4 à 6 tranches de jarret de veau, avec les os à moelle
50 g de beurre
1 cuill. à soupe d'huile d'olive
1 gousse d'ail hachée
2 oignons hachés très fin
2 carottes hachées fin
2 branches de céleri hachées fin
1 verre de vin blanc
400 g de tomates en boîte
1 branche d'origan
1 branche de thym
bouillon de veau – facultatif

Pour le *gremolata* :
1 poignée de persil
2 grosses gousses d'ail
le zeste râpé de 1 citron

Préchauffez le four à 180 °C/Th. 4. Préparez le *gremolata* : hachez le persil, l'ail et le zeste de citron et respirez leurs merveilleux parfums ! Réservez-les dans un bol de service.

Salez et poivrez la farine. Versez-la dans un grand sac plastique avec les tranches de veau et secouez vigoureusement.

Chauffez la moitié du beurre et l'huile d'olive dans une poêle à frire. Lorsqu'ils grésillent, jetez les tranches de veau en une seule couche – il est possible que vous soyez obligé de procéder en deux fois, selon la taille de votre poêle.

Pendant ce temps, faites fondre le beurre restant dans une grande cocotte à couvercle allant au four. Faites revenir doucement l'ail et les légumes.

Quand le veau est bien doré sur ses deux faces, déposez-le sur ces légumes. Jetez alors l'huile de cuisson de la poêle et remplacez-la par le vin. Portez à ébullition tout en grattant les sucs caramélisés pour les dissoudre.

Ajoutez les tomates, laissez-les fondre, puis ajoutez l'origan et le thym. Versez la sauce obtenue sur le veau (peut-être devrez-vous ajouter du bouillon pour l'amener au niveau de la viande). Couvrez et laissez cuire 2 h au four.

Vérifiez régulièrement le niveau du liquide. S'il s'est évaporé, rajoutez du bouillon. Le plat est cuit lorsque la viande, très tendre, se détache pratiquement de l'os.

Servez accompagné de *gremolata* dans un bol. Chaque convive en saupoudrera sa viande selon son goût.

Cassoulet

Ce plat est doté d'un formidable pedigree, ses trois patries majeures, Castelnaudary, Carcassonne et Toulouse, étant considérées comme la « Sainte Trinité ». La recette que nous vous suggérons ici ne suit à la lettre aucune des règles instituées par ces trois villes, mais puise dans chacune d'elles des bribes d'inspiration. Nous préparons toujours notre cassoulet après Noël, avec des restes d'oie et son bouillon.

1½ kg de crépine de porc – demandez à votre boucher de retirer la couenne et de vous la donner
4 cuill. à soupe de graisse d'oie
1 kg de haricots blancs trempés dans l'eau froide 12 h, puis égouttés
12 gousses d'ail écrasées
2 oignons coupés en deux et piqués de 4 clous de girofle
2 feuilles de laurier
1 grande branche de thym
400 g de tomates en boîte
bouillon – facultatif
1 épaule d'agneau désossée et roulée
1 kg de saucisses de Toulouse
8 à 10 morceaux d'oie et de canard confits
sel et poivre
chapelure fraîche

Préchauffez le four à 180 °C/Th. 4. Découpez la crépine de porc en tranches épaisses et la couenne en petits dés.

Mettez-les dans une grande cocotte allant au four, puis faites-les revenir doucement dans la graisse d'oie fondue. Ajoutez ensuite les haricots, l'ail, les oignons, les feuilles de laurier, le thym et les tomates. Recouvrez d'eau ou de bouillon (+ 3 cm) et laissez mijoter 2 h à couvert et à feu très doux.

Pendant ce temps, mettez l'épaule d'agneau dans un plat à rôtir. Enfournez et laissez cuire au moins 1 h. Les 20 dernières minutes, ajoutez les saucisses de Toulouse afin qu'elles dorent avec l'agneau. Lorsque celui-ci est prêt, sortez-le du four, puis laissez-le reposer 10 min avant de le découper en tranches épaisses.

Une fois les haricots cuits, incorporez l'oie ou le canard confits, les tranches d'agneau et les saucisses. Salez, poivrez. La cocotte ne doit jamais être ni trop sèche ni trop humide – l'idéal étant d'obtenir un ensemble fondant. Si vous trouvez votre cassoulet trop sec, n'hésitez pas à l'allonger avec un peu de bouillon. Recouvrez d'une couche épaisse de chapelure qui absorbera la quantité alarmante de graisse à la surface, et enfournez de nouveau 15 min.

Sortez la cocotte du four, puis, avec le dos d'une cuillère, enfoncez la croûte de chapelure dans les haricots et la viande. Remettez au four. Renouvelez l'opération plusieurs fois – sept fois selon la recette de Castelnaudary, huit fois selon la version toulousaine – jusqu'à la formation d'une croûte épaisse.

Conservez la cocotte dans votre garde-manger, puis faites-la réchauffer dès que votre estomac criera famine !

Jambon saupiquet

Un vrai plat bourguignon, dans lequel on retrouve tous les ingrédients si chers au Morvan – le jambon, les échalotes, le vin, le vinaigre et la crème.

2 cuill. à soupe de beurre
300 g de jambon cuit tranché
6 échalotes hachées fin
2 gousses d'ail tranchées fin
5 cl de vin rouge
3 cl de vinaigre de vin rouge
I cuill. à soupe de baies de genièvre
15 cl de crème épaisse
I branche de thym
sel et poivre

Préchauffez le four à 200 °C/Th. 5. Chauffez le beurre dans une poêle et faites revenir le jambon. Lorsqu'il est légèrement doré, transférez-le dans un plat à gratin. Faites blondir doucement les échalotes et l'ail dans le beurre jusqu'à ce qu'ils attendrissent.

Pendant ce temps, mettez le vin et le vinaigre dans une petite casserole avec les baies de genièvre et réduisez le liquide à l'équivalent de 2 cuill. à soupe. Incorporez les échalotes, la crème, le thym, le sel et le poivre, puis laissez mijoter à feu doux jusqu'à épaississement. Avec une cuillère, nappez alors le jambon de cette préparation et passez-le au four de 10 à 15 min afin qu'il dore.

Saucisses de Toulouse aux lentilles

Les saucisses de Toulouse sont préparées avec du porc grossièrement haché ; parfumées à l'ail et aux herbes, elles sont généralement assez consistantes.

250 g de bacon fumé coupé en lardons
200 g de lentilles du Puy
I oignon coupé en deux et piqué de 2 clous de girofle
I feuille de laurier
I branche de thym
I gousse d'ail écrasée
cuill. à soupe de purée de tomates
litre de bouillon de volaille (page 247) ou de bouillon de légumes (page 246)
8 saucisses de Toulouse

Préchauffez le four à 200 °C/Th. 5. Dans une cocotte, faites revenir le bacon à feu doux. Lorsqu'il grésille, ajoutez les lentilles, l'oignon, la feuille de laurier, le thym, l'ail, la purée de tomates et le bouillon, puis laissez mijoter 20 min à feu doux.

Pendant ce temps, mettez les saucisses de Toulouse dans un plat à rôtir et passez-les 20 min au four, jusqu'à ce qu'elles prennent une belle couleur dorée. Incorporez-les aux lentilles et prolongez la cuisson à feu doux 10 min.

Servez avec une baguette croustillante et une salade verte relevée.

Saucisses de Toulouse aux lentilles

Jambon fumé à la sauce persillée

Les quantités qui sont indiquées ici permettent de préparer bien plus de jambon qu'il n'en faut pour 4 personnes. Mais quel plaisir, le lendemain, de pouvoir utiliser ses restes pour un sandwich divin, avec des montagnes de moutarde et de pickles !

Pour 4 personnes avec des restes, ou pour 6 :

1 jambon fumé d'environ 1½ kg
1 petit bouquet de persil
1 petit bouquet de sauge
1 petit bouquet de livèche
1 oignon tranché
2 carottes tranchées
2 branches de céleri tranchées
12 grains de poivre noir

Demandez à votre boucher si vous devez faire tremper le jambon, et, si oui, combien de temps. Vous pouvez raccourcir un trop long trempage en plaçant votre jambon fumé dans de l'eau froide que vous ferez bouillir, puis jetterez. Placez votre jambon préparé dans une grande cocotte, recouvrez-le d'eau froide et portez à ébullition en écumant la surface.

Liez le persil, la sauge et la livèche, incorporez-les avec les ingrédients restants. Laissez mijoter 20 min par 450 g. Une fois la cuisson terminée, retirez la cocotte du feu mais laissez le jambon dans l'eau.

Sortez-le juste avant de servir. Il vous suffira alors de retirer la couenne et de le découper en tranches fines.

Pour mieux le savourer, servez ce jambon avec des pommes de terre bouillies, des épinards et une sauce persillée (ci-dessous).

Sauce persillée

20 cl de lait
50 g de beurre
50 g de farine sans levure
1 poignée de persil haché
sel et poivre blanc

Faites chauffer le lait juste au-dessous du seuil d'ébullition.

Faites fondre le beurre dans une casserole, puis incorporez la farine et poursuivez la cuisson quelques minutes.

Versez lentement le lait chaud par-dessus, tout en tournant vigoureusement, et laissez cuire jusqu'à épaississement de la sauce. Incorporez alors le persil haché. Poursuivez 1 ou 2 min.

Goûtez, puis salez et poivrez à votre convenance en vous rappelant que le jambon est déjà relativement salé.

1000
750

Saucisses-purée

Les temps sont loin où les seules saucisses disponibles sur le marché ressemblaient davantage à de la marmelade qu'à de la moutarde, et étaient fades et sèches. Aujourd'hui, il en existe mille variétés aux quatre coins de la planète ; les saucisses de poulet thaï, de poisson chat cajun, d'agneau à la noix de coco et au citron comptant parmi les plus inattendues que nous ayons pu goûter. Mais rien ne vaudra jamais une bonne saucisse de porc délicatement relevée.

12 saucisses
1 kg de pommes de terre épluchées – la bintje est parfaite, autant pour son goût que pour sa consistance – coupées en morceaux
1 cuill. à soupe de sel
75 g de beurre
15 cl de lait

Préchauffez le four à 220 °C/Th. 6. Disposez les saucisses en une seule couche dans un plat à rôtir, puis enfournez de 20 à 30 min, le temps de les dorer, en secouant le plat de temps en temps afin de les retourner.

Pendant ce temps, mettez les pommes de terre dans une cocotte et recouvrez-les d'eau salée (+ 2 cm). Portez à ébullition. Lorsqu'elles sont tendres, égouttez-les dans une passoire, puis recouvrez-les d'un linge afin qu'elles sèchent.

Mettez le beurre et la moitié du lait dans la cocotte et replacez-la sur le feu. Passez les pommes de terre au presse-purée ou au moulin à légumes, puis incorporez-les au lait chaud et au beurre à l'aide d'une cuillère en bois. Si vous préférez une purée moins ferme, augmentez la quantité de lait.

Pour rehausser la saveur de ce plat simplissime, rien ne vaut une sauce aux oignons ; n'oubliez pas la moutarde ni le ketchup.

Sauce aux oignons

2 oignons tranchés fin
25 g de beurre
1 filet de vinaigre de vin rouge
1 cuill. à soupe de sucre
20 cl de bouillon de bœuf (page 246)
sel et poivre

Dans une poêle creuse, faites fondre les oignons avec le beurre. Lorsqu'ils commencent à blondir, ajoutez le vinaigre.

Lorsqu'il s'est presque évaporé, incorporez le sucre, le bouillon, et laissez cuire à petit frémissement en tournant régulièrement, jusqu'à ce que la sauce ait réduit.

Rectifiez l'assaisonnement, si nécessaire, en ajoutant du sel et quelques grains de poivre concassés.

Carré d'agneau

Ce délicieux morceau d'agneau – bien plus esthétique que des côtelettes individuelles – reste moelleux et succulent une fois rôti. Il requiert un minimum de préparation, surtout aujourd'hui où la plupart des supermarchés vendent des carrés d'agneau parfaitement présentés. Mais à moins de se sentir d'humeur badine, les petites couronnes en papier qui les ornent ne sont pas indispensables !

2 carrés d'agneau – 6 à 8 côtelettes sur chaque
1 cuill. à soupe d'huile d'olive
sel et poivre
15 cl de vin rouge
1 cuill. à soupe de gelée de groseille
5 cl de bouillon de volaille (page 247), de légumes (page 246) ou d'agneau

Préchauffez le four à 200 °C/Th. 5. Badigeonnez les carrés d'agneau d'huile d'olive. Salez, poivrez, puis enfournez 25 min pour une viande saignante. Si vous la préférez plus cuite, poursuivez la cuisson de 10 à 15 min. Sortez le plat du four et maintenez-le au chaud.

Écumez la graisse qui s'est écoulée dans le plat, puis versez le vin, la gelée de groseille et le bouillon. Placez sur feu vif pour faire réduire la sauce, en grattant le fond du plat afin de le déglacer. Filtrez ensuite la sauce obtenue dans une saucière ou un récipient chauds.

Découpez votre carré en côtelettes individuelles et servez-les avec la sauce à la gelée de groseille.

L'accompagnement idéal est un gratin dauphinois (page 178).

Rognons sautés à la moutarde

12 rognons d'agneau
45 g de beurre clarifié
1 cuill. à soupe de cognac ou d'armagnac
1 cuill. à soupe de moutarde de Dijon
5 cl de crème épaisse
1 filet de vinaigre de vin rouge

Coupez chaque rognon en suivant la partie centrale. Puis, à l'aide d'une paire de ciseaux aiguisés, retirez-la.

Faites fondre le beurre dans une poêle. Lorsqu'il grésille, faites revenir les rognons des deux côtés (2 ou 3 min). Versez le cognac ou l'armagnac et enflammez-le à l'aide d'une allumette (pensez à vous écarter !).

Lorsque les flammes s'éteignent, incorporez la moutarde, la crème et le vinaigre, puis servez immédiatement sur des assiettes très chaudes.

Nous adorons ces rognons avec une purée de pommes de terre légère et mousseuse, et des légumes verts à feuilles.

Navarin de printemps

Ce plat « tout en un », à base de viande d'agneau tendre et savoureuse et de mini-légumes (qui répond également au nom de « ragoût d'agneau de printemps »), saisit parfaitement les parfums de cette saison merveilleuse. Idéal pour recevoir, il est encore meilleur si vous le laissez reposer 24 h au réfrigérateur ou dans votre garde-manger.

1 kg d'épaule d'agneau découpée en petits morceaux
8 côtelettes d'agneau
1 feuille de laurier
1 branche de thym
1 oignon piqué de 2 clous de girofle
1 carotte hachée
1 poireau haché
3 gousses d'ail hachées
200 g de petites carottes
200 g de petits navets
200 g de petits oignons
200 g de jeunes poireaux fins, tranchés
10 cl de vin blanc
20 cl de bouillon de volaille (page 247) ou d'agneau léger
200 g de haricots verts
200 g de petits pois
sel et poivre blanc
1 poignée de persil haché

Mettez les petits morceaux d'agneau et les côtelettes dans une cocotte avec la feuille de laurier, le thym, l'oignon piqué de clous de girofle, la carotte, les poireaux et l'ail hachés. Recouvrez-les d'eau, puis portez à ébullition et laissez mijoter 1 h à feu très doux.

Attendez que la préparation refroidisse. Retirez alors la graisse solidifiée et transférez les morceaux d'agneau dans une cocotte. Filtrez le liquide de cuisson et versez-le par-dessus en retirant les herbes et les légumes.

Incorporez les petites carottes, les navets, les oignons, les poireaux tranchés, le vin blanc et le bouillon. Prolongez la cuisson 15 min à petit frémissement.

Ajoutez ensuite les haricots, poursuivez 10 min. Mettez les petits pois, laissez cuire 5 min supplémentaires et rectifiez l'assaisonnement. Lorsque le plat a refroidi, conservez-le au réfrigérateur ou dans le garde-manger jusqu'à 24 h.

Avant de servir, faites-le réchauffer à feu doux jusqu'à son point d'ébullition, incorporez le persil, puis dressez la viande et les légumes sur des assiettes bien chaudes.

Gigot d'agneau rôti

L'un des restaurants les plus fascinants au monde est l'Oustau de Baumanière, aux Baux-de-Provence où, durant l'été, vous dégustez de merveilleux cocktails au champagne sur la terrasse dominant la vallée du Rhône et la Camargue. Son plat de référence – qui se trouve au menu depuis que le fondateur de l'hôtel, Raymond Thuillier, l'y a introduit – est le fameux gigot d'agneau en croûte, élaboré avec de jeunes agneaux de la région, élevés sous la mère et d'une tendreté incomparable. La version que nous vous proposons ici est certes plus modeste, mais préparée avec le même morceau d'agneau succulent.

1 gigot d'agneau d'environ 1½ à 2 kg
4 gousses d'ail hachées fin
5 cl d'huile d'olive
sel et poivre
1 grosse poignée de branches de romarin fraîchement coupé
1 poignée de thym
10 cl de vin blanc
1 cuill. à soupe de gelée de groseille
20 cl de bouillon de volaille (page 247)
1 cuill. à café de sel et quelques grains de poivre concassés

Préchauffez le four à 220 °C/Th. 6. Demandez à votre boucher de retirer l'os et de ficeler le gigot. Il sera ainsi plus net et plus facile à découper. Pesez-le.

Mélangez l'ail et l'huile d'olive – vous pouvez le faire dans un mortier – et enduisez le gigot de cette préparation. Salez et poivrez.

Mettez le romarin et le thym au fond d'un plat à rôtir, puis déposez le gigot par-dessus. Faites cuire au four 15 min par 500 g si vous aimez une viande rosée, 20 min si vous la préférez plus cuite.

Lorsque le gigot est cuit, transférez-le sur un plat ou une planche à découper et maintenez-le au chaud.

Retirez le romarin et le thym, puis, à la cuillère, l'excès de graisse écoulée. Versez le vin, faites réduire à feu vif en raclant les sucs au fond du plat.

Incorporez la gelée de groseille et le bouillon. Faites réduire. Rectifiez l'assaisonnement, si nécessaire, puis filtrez cette sauce dans une saucière.

Brochettes d'agneau

Voici l'un des grands classiques des barbecues : un agneau tendre, presque carbonisé en surface et rosé à l'intérieur, servi avec des concombres, du yoghourt, de la salade, du citron confit et des pains pita. Vous pouvez en varier les versions et utiliser selon vos envies du poulet, des champignons ou un poisson à la chair ferme tel que la lotte.

800 g de gigot d'agneau découpé en dés
1 branche de romarin
4 gousses d'ail tranchées
1 branche de thym
20 feuilles de laurier
5 cl d'huile d'olive
4 rognons d'agneau, sans la partie centrale, coupés en quatre
4 oignons rouges en tranches épaisses
1 poivron rouge en tranches épaisses

Mettez les morceaux d'agneau, le romarin, l'ail, le thym et 4 feuilles de laurier dans un saladier. Arrosez d'huile d'olive. Mélangez, puis laissez mariner à couvert et au frais 4 h ou, mieux, toute la nuit.

Trempez 16 brochettes de bambou dans l'eau froide durant 20 min. Retirez l'agneau de la marinade. Enfilez en alternance sur 2 brochettes (ainsi les morceaux de viande ne tourneront pas et les brochettes seront faciles à manipuler durant la cuisson), la viande et les rognons, les oignons, les poivrons rouges avec, de-ci de-là, une feuille de laurier. Ne les chargez pas : il est préférable d'avoir 8 brochettes moyennes que 4 grosses. Badigeonnez-les généreusement de marinade, puis faites-les griller 15 min, en les arrosant et en les tournant souvent jusqu'à cuisson complète.

Poulet poché à la sauce estragon

1 gros bouquet d'estragon
1 poulet d'environ 1 kg
sel et poivre
1 litre de bouillon de volaille (page 247)
100 g de beurre
10 cl de crème épaisse
1 filet de jus de citron

Préchauffez le four à 160 °C/Th. 3. Coupez la partie ligneuse des brins d'estragon et placez-en les ¾ au fond d'une grande cocotte avec couvercle, ou d'une cocotte allant au four. Coupez les feuilles tendres au sommet et réservez-les pour la sauce. Introduisez les brins d'estragon restants dans le poulet avec quelques grains de poivre et de sel concassés.

Posez le poulet sur l'estragon, dans la cocotte, et versez le bouillon par-dessus. Enduisez les blancs d'environ 25 g de beurre, salez et poivrez. Placez ensuite sur feu moyen et amenez à léger frémissement. Couvrez et enfournez. Laissez cuire 1 h en arrosant toutes les 20 min jusqu'à cuisson complète ; quand le poulet est cuit, le jus qui s'écoule de ses cuisses, si vous les percez à l'aide d'une brochette ou d'une fourchette, doit être clair.

Retirez le poulet de la cocotte et maintenez-le au chaud. Écumez la graisse, puis remettez la cocotte à feu vif afin de porter à un bouillon rapide. Faites réduire.

Pendant ce temps, hachez les feuilles d'estragon et faites-les cuire à feu doux dans une petite casserole avec la crème et le beurre restant. La sauce va épaissir : allongez-la avec le bouillon (bouillonnant) jusqu'à ce que vous ayez obtenu une crème de consistance liquide. Salez et poivrez, puis ajoutez un filet de jus de citron et maintenez au chaud.

Découpez le poulet, servez-le avec la sauce à l'estragon dans un bol à part.

Poulet rôti

Un poulet rôti avec des pommes de terre croustillantes, des petits pois et sa sauce savoureuse est probablement l'un des plats les plus anciens et les plus appréciés qui soient. Lors de nos séjours prolongés à l'étranger, nous rêvons toujours pour notre retour d'un bon bain chaud… et d'un poulet rôti ! Grâce au ciel, les gens semblent enfin se détourner de ces horribles volailles élevées en batterie, certes bon marché mais qui sont, au mieux, d'une saveur insipide et, au pis, immangeables. Il est maintenant possible d'acheter de vrais bons poulets dans les supermarchés, sur les marchés fermiers et chez les bouchers. Élevés avec soin, ils sont bien sûr plus chers, mais leur goût est tellement supérieur qu'il mérite cet effort financier. Un poulet rôti est un plat merveilleux, dont les restes peuvent être utilisés pour préparer de délicieux sandwichs, et la carcasse, un succulent bouillon.

sel et poivre
1 poulet d'environ 1½ kg
30 g de beurre
150 g de tranches fines de bacon entrelardé (facultatif)
5 cl de vin blanc
15 cl de bouillon de volaille (page 247)

Préchauffez le four à 200 °C/Th. 5. Salez et poivrez l'intérieur du poulet, beurrez les blancs (vous pouvez également entourer le poulet de fines tranches de bacon). Placez-le ensuite sur un plat à rôtir et posez par-dessus une feuille de papier d'aluminium.

Faites-le rôtir au four, environ 20 min par 500 g, en l'arrosant fréquemment. Les 15 dernières minutes de cuisson, retirez le papier d'aluminium et le bacon afin de dorer la peau. Le poulet est cuit lorsque vous piquez une cuisse et que le jus qui s'en écoule est clair.

Transférez-le sur un plat de service et maintenez-le au chaud. Si vous le laissez reposer de 10 à 15 min après la fin de la cuisson, il sera non seulement plus tendre, mais aussi plus facile à découper.

Versez ensuite le vin et le bouillon dans le plat à rôtir, puis portez à ébullition en tournant à l'aide d'une cuillère afin de détacher le dépôt. Filtrez ensuite dans une saucière. Servez cette sauce avec le poulet découpé.

Coq au vin

1 poulet d'environ 1½ kg coupé en quatre
2 cuill. à soupe de graisse de canard
ou de beurre clarifié
200 g de bacon fumé coupé en dés
2 gousses d'ail tranchées
75 cl de vin rouge
1 cuill. à soupe de gelée de groseille
250 g d'échalotes ou de petits oignons
250 g de psalliotes
4 tranches de pain découpées en triangle
1 grosse poignée de persil haché
sel et poivre

Préchauffez le four à 160 °C/Th. 3. Dans une poêle, faites revenir le poulet avec la moitié de la graisse ou du beurre clarifié. Lorsqu'il est bien doré, placez-le dans une cocotte avec couvercle.

Saisissez le bacon dans la poêle – il doit grésiller – et ajoutez l'ail tranché pendant les 30 dernières secondes de cuisson. Incorporez-les au poulet, puis dégraissez la poêle. Versez-y le vin et la gelée de groseille, portez à ébullition en grattant le fond pour dissoudre les sucs. Nappez ensuite le poulet et le bacon de cette sauce.

Faites blondir les échalotes ou les petits oignons dans la graisse ou le beurre restant. Mettez-les dans la cocotte, puis renouvelez l'opération avec les champignons et laissez cuire 45 min au four et à couvert.

Quelques minutes avant la fin de la cuisson, réchauffez la graisse dans la poêle et faites revenir le pain jusqu'à ce qu'il dore. Étalez le persil haché sur chaque tranche.

Quand le poulet est cuit, ôtez la graisse restante, puis vérifiez l'assaisonnement et servez sur des assiettes très chaudes accompagné du pain frit persillé.

Pour parachever le plaisir, savourez votre coq au vin avec des pommes de terre bouillies et un vin rouge robuste de Beaune.

Oie rôtie

Bien que l'oie se popularise – et soit donc plus facile à trouver – il faut toujours la commander chez son volailler. Nous achetons toujours un animal bien gras (ce qui nous permet, doux péché, de faire revenir pendant des mois nos légumes dans sa graisse !). Quand vous rapportez l'oie chez vous, enveloppez-la et piquez-la avec une fine aiguille à larder, puis laissez-la reposer dans un endroit frais ou au réfrigérateur.

sel et poivre
1 oie
2 oignons
1 poignée de feuilles de sauge
le foie de l'oie

Préchauffez le four à 200 °C/Th. 5.
Salez et poivrez l'intérieur de l'oie, puis introduisez-y 2 oignons grossièrement coupés avec les feuilles de sauge. Frottez sa peau avec du sel et pesez-la. Glissez un grand plat à rôtir sur une grille, dans la partie basse du four, afin que l'oie puisse tenir sans en toucher le haut.

Faites-la cuire (30 min par 500 g), sans l'arroser, mais en retirant régulièrement la graisse qui s'en écoule. Réservez celle-ci dans un bol.

Lorsque l'oie est cuite, déposez-la sur un plat ou une planche à découper et laissez-la reposer 30 min.

Au dernier moment, faites rapidement sauter le foie. Vous pourrez le savourer seul, en égoïste, ou, si vous êtes généreux, le découper pour le servir à vos convives !

Coupez de fines tranches d'oie en prenant soin de conserver la peau, puis servez-les avec les sauces aux pommes et à l'oie (ci-contre).

Accompagnez ce plat de pommes de terre rôties (page 168), ou de chou rouge braisé (page 173).

Sauce à l'oie

les abattis de l'oie – réservez le foie pour le faire sauter (ci-dessus)
2 oignons grossièrement hachés
2 carottes grossièrement hachées
2 branches de céleri grossièrement hachées
2 poireaux grossièrement hachés
10 cl de porto ou de madère
30 cl de bouillon de volaille (page 247)
1 cuill. à soupe de gelée de pomme
sel et poivre

Préchauffez le four à 200 °C/Th. 5. Mettez les abattis, les oignons, les carottes, le céleri et les poireaux dans un petit plat à rôtir et passez-les 30 min au four. Sortez le plat, puis posez-le sur la cuisinière.

Arrosez de porto ou de madère, et, à feu moyen, raclez le fond du plat pour détacher et dissoudre les sucs caramélisés. Transférez le contenu du plat dans une cocotte, ajoutez le bouillon de volaille et la gelée de pomme. Amenez à léger frémissement et laissez mijoter pendant 30 à 45 min.

Passez la sauce au chinois dans une casserole en retirant le plus de graisse possible. Salez, poivrez, puis portez de nouveau à ébullition. Votre sauce est prête.

Sauce aux pommes

2 grosses pommes à cuire ou 3 moyennes, pelées, hachées, sans le cœur et les pépins – les reinettes sont parfaites
2 cuill. à soupe de sucre
1 filet de jus de citron

Mettez les pommes avec le sucre et le jus de citron dans une petite casserole en acier inoxydable ou émaillée. Ajoutez 2 cuill. à soupe d'eau et laissez mijoter à feu très doux jusqu'à ce que les pommes éclatent et réduisent.

Brisez-les à l'aide d'une cuillère en bois, ou, si vous les préférez en compote, passez-les à travers un tamis ou au moulin à légumes.

Servez à température ambiante.

Pour une version plus épicée, relevez de quelques clous de girofle ou d'une pincée de cannelle.

Coquelets grillés

Succulents et tendres, les jeunes coquelets sont parfaits à griller. Demandez à votre volailler de les préparer, ou faites-le vous-même : tranchez-les le long de la colonne vertébrale, ouvrez-les et aplatissez-les (avec un marteau à viande), puis enfoncez deux longues broches de métal ou de bois dans chacun d'eux afin de les maintenir à plat. Ces volailles sont merveilleuses cuites au feu de bois.

4 coquelets préparés
le jus de 2 citrons
2 cuill. à soupe d'huile d'olive, plus 1 cuill. à soupe pour le gril
1 branche de thym haché fin
1 brin de marjolaine haché fin
sel et poivre

Badigeonnez les deux faces des coquelets de jus de citron, d'huile d'olive et d'herbes hachées fin, puis laissez-les mariner environ 1 h à température ambiante.

Chauffez le gril au maximum ou, si vous les faites cuire au feu de bois, attendez que les braises soient devenues blanches. Disposez les coquelets sur une grille. Enduisez-les d'huile d'olive, salez et poivrez, puis faites-les griller 5 ou 6 min, peau sur le dessus. Retournez-les. Badigeonnez-les de nouveau d'huile, salez, poivrez et faites-les griller 5 ou 6 min supplémentaires.

Pour vérifier s'ils sont cuits, enfoncez une brochette ou la pointe d'un couteau dans la partie la plus épaisse de leurs cuisses. Le jus qui s'en écoule doit être clair.

Servez chaque coquelet avec des quartiers de citron et une salade verte.

Pâte brisée

Pour réussir une pâte brisée, assurez-vous que tous les ingrédients sont froids… et vos mains aussi ! Cette recette permet de préparer environ 500 g de pâte.

350 g de farine sans levure
1 cuill. à café de sel
150 g de beurre ou de saindoux ou un mélange des deux, coupé en dés
2 jaunes d'œufs battus
eau glacée (facultatif)

Tamisez la farine et le sel dans un grand saladier. Incorporez légèrement le beurre ou le saindoux dans la farine – la pâte doit être grossière et grumeleuse. Ajoutez les jaunes d'œufs, puis, à l'aide d'une spatule, travaillez la pâte – vous serez peut-être obligé de l'asperger d'un peu d'eau glacée mais attention à ne pas trop la mouiller.

Façonnez une boule, enveloppez-la dans du film étirable et placez-la au réfrigérateur 20 min avant utilisation.

Tourte au poulet et aux poireaux

Pour farcir cette tourte savoureuse qui est un véritable classique, vous pouvez utiliser toutes sortes d'ingrédients – gibier, lapin, légumes – mais attention à ne pas forcer sur les mélanges au risque de la transformer en une pâtée pour chien ! Nous préparons généralement les tourtes dans de petits plats individuels émaillés et blancs, ourlés d'une fine bordure bleue foncé, mais une grande tourte fait tout autant d'effet.

800 g de blanc ou de cuisse de poulet détaillé en gros morceaux
1 oignon émincé
1 poireau haché
1 carotte hachée
1 branche de céleri hachée
50 g de beurre
600 g de blancs de poireau, tranchés fin
2 oignons tranchés fin
50 g de farine sans levure
20 cl de lait chauffé
15 cl de crème épaisse chauffée
1 poignée de persil haché fin
sel et poivre blanc
500 g de pâte – pâte brisée (ci-contre) ou feuilletée
1 jaune d'œuf mélangé à 1 cuill. à soupe de lait pour la dorure

Mettez le poulet avec l'oignon émincé, le poireau, la carotte et le céleri dans une cocotte. Recouvrez à peine d'eau et faites cuire à petit frémissement. Pochez le poulet 20 min à feu doux, puis laissez refroidir.

Préchauffez le four à 190 °C/Th. 4. Retirez le poulet de la cocotte et coupez-le en petits morceaux. Sortez les légumes mais réservez le bouillon.

Dans une grande casserole, faites fondre le beurre, puis les poireaux et les oignons tranchés. Lorsqu'ils sont tendres, incorporez la farine et poursuivez la cuisson 2 min. Toujours à feu doux, versez le lait et la crème sans cesser de tourner jusqu'à épaississement de la sauce. Ajoutez les morceaux de poulet et le persil haché. Si la sauce vous paraît trop épaisse, allongez-la avec le bouillon réservé. Salez, poivrez, puis laissez refroidir.

Roulez la pâte (elle doit avoir environ 5 mm d'épaisseur) et utilisez-en les ⅔ pour garnir un plat à tarte de 1 litre ou quatre plats individuels. Déposez ensuite la farce à la cuillère sur le fond, puis humidifiez les bords de la pâte.

Roulez la pâte restante afin de confectionner un couvercle et recouvrez la tourte. Appuyez avec les doigts pour coller les bords ; puis, à l'aide d'un couteau aiguisé, taillez le tour. Dorez la surface avec le mélange au jaune d'œuf, pratiquez au centre une cheminée afin de permettre à la vapeur de s'échapper. Si vous avez préparé des tourtes individuelles, faites-les cuire 35 min au four ; comptez 1 h pour une seule et grande tourte.

Gibiers à plumes rôtis et braisés

Les landes, champs, eaux et cieux abondent en gibiers à plumes, plus encore depuis que leur chasse est devenue un sport populaire et recherché, et leur rabattage, une industrie rurale majeure (un bon fusil est un trésor à garder jalousement). Certaines parcelles de terre sont désormais « approvisionnées » de jeunes perdrix et faisans gras et apathiques, gavés avant le début de la saison, puis lâchés à la merci des chasseurs.

Selon la rumeur, un si grand nombre d'oiseaux mourraient certains jours de chasse que beaucoup seraient abandonnés sur place. Pour éviter ce gâchis, liez-vous au volailler local et incitez-le à récupérer pour vous les fruits irrésistibles de ce sport barbare !

La saison du gibier est relativement courte – elle se situe en automne et en hiver – et le meilleur moment pour rôtir un gibier est évidemment sa prime jeunesse. Les semaines passant, même si sa saveur demeure intacte, il s'accommode en effet mieux d'une cuisson braisée.

Les Britanniques aiment le gibier… faisandé ! À cette fin, ils suspendent les oiseaux entre 4 et 12 jours, selon la taille et l'espèce, afin de laisser le temps à leur chair de développer ce parfum caractéristique.

Quand vous achetez de jeunes faisans ou perdrix, choisissez-les de préférence gras et fermes, avec un bréchet souple et des saillies rondes et tendres. Les pattes des jeunes perdrix sont plus pâles quand elles sont jeunes, celles des pigeons, roses, deviennent rouges avec l'âge.

La façon la plus simple de les cuisiner est de les faire rôtir ; ils doivent alors être jeunes et protégés par une couche de graisse. Leur temps de cuisson est court : 25 min à four chaud pour un faisan, environ 15 min pour une perdrix, encore moins pour un gibier plus petit.

Le meilleur d'entre tous est la grouse, la grouse rôtie étant probablement l'un des plats les plus savoureux au monde. Notre réponse à la question : « Quel est selon vous le repas idéal ? » est immuable : des langoustines, suivies d'une grouse rôtie avec, en apothéose, de délicieuses framboises – la simplicité auréolée d'une pointe de luxe.

Grouse rôtie

Peut-être est-ce lié à leur saison, si courte, et au fait que nous les attendons avec tant d'impatience, mais rien ne nous paraît meilleur qu'une grouse rôtie accompagnée d'une sauce à la mie de pain et de pommes de terre rissolées. Entre le mois d'août et le moment où nous pouvons enfin déguster notre première grouse, nous ressemblons à des enfants devant un calendrier de l'avent, opérant le décompte fébrile avant Noël. Si vous ne pouvez pas vous procurer les foies, utilisez, à la place, des foies de poulet ou de canard, du foie gras. Vous pouvez servir les foies sur du pain grillé frit.

1 noix de beurre
4 grouses, si possible avec leur foie
4 tranches de bacon entrelardé ou de lard gras coupé en bardes fines
2 cuill. à soupe de beurre clarifié
4 tranches de pain sans la croûte
2 cl de vin rouge
5 cl de bon bouillon de volaille (page 247)
sel et poivre
1 gros bouquet de cresson

Préchauffez le four à 200 °C/Th. 5. Beurrez les blancs de chaque grouse, puis coupez les tranches de bacon ou de lard gras en deux. Attachez-les autour des blancs en les maintenant à l'aide d'une ficelle fine. Placez ensuite la viande dans un plat à rôtir et faites-la cuire environ 15 min au four.

Pendant ce temps, chauffez le beurre clarifié dans une sauteuse et saisissez rapidement les foies ; ils doivent rester roses à l'intérieur. Retirez-les, puis réservez-les.

Dans la même poêle, dorez le pain sur ses deux faces. Écrasez les foies et étalez-les sur le pain frit, puis maintenez les tranches au chaud.

Lorsque les grouses sont cuites, sortez-les et retirez le bacon ou le lard qui les entoure. Remettez-les ensuite au four – environ 3 min – afin de dorer les blancs.

Disposez le pain frit sur un plat de service chaud. Déposez une grouse sur chacune des tranches et laissez reposer au chaud.

Mettez ensuite le plat de cuisson sur le feu, versez le vin et tournez pour détacher les dépôts, puis ajoutez le bouillon de volaille. Salez, poivrez et, à feu doux, faites réduire à une sauce légère.

Servez les grouses sur des assiettes très chaudes avec leur sauce, accompagnées d'un bouquet de cresson, de sauce à la mie de pain (ci-contre) et de pommes de terre rissolées (page 171).

Sauce à la mie de pain

La sauce à la mie de pain constitue l'accompagnement incontournable de la grouse rôtie. Il est essentiel d'utiliser un pain blanc de qualité – du pain de mie tranché donne une sauce grise et gluante dont on peut aisément se passer !

30 cl de lait entier
1 petit oignon haché
1 feuille de laurier
3 clous de girofle
1 généreuse pincée de macis pilé, ou 1 pincée de noix muscade râpée
150 g de pain rassis sans la croûte et réduit en fines miettes
1 noix de beurre ou 1 cuill. à soupe de crème épaisse – ou les deux
sel

Dans une casserole, portez à ébullition le lait avec l'oignon, la feuille de laurier, les clous de girofle, le macis ou la noix muscade. Retirez la casserole du feu, puis laissez reposer quelques heures pour que les parfums imprègnent le lait.

Environ 30 min avant de servir, filtrez le lait. Incorporez les miettes de pain et laissez mijoter 20 min en tournant régulièrement. Ajoutez le beurre ou la crème. Salez.

Si vous voulez conserver un peu la sauce, nappez sa surface d'une couche de lait que vous incorporerez avant de servir.

Pigeons aux petits pois

Ce plat est un classique de la cuisine du terroir. Achetez si possible des pigeons fermiers : ils se trouvent assez facilement et sont plus tendres et plus dodus que leurs cousins sauvages.

4 échalotes hachées fin
75 g de bacon entrelardé ou de pancetta hachée
30 g de beurre
2 pigeons sauvages dodus ou 4 pigeons fermiers
50 cl de bouillon de volaille léger (page 247)
750 g de petits pois écossés ou surgelés
1 bouquet de persil haché

Dans une cocotte, faites revenir les échalotes et le bacon, ou la pancetta, dans le beurre fondu. Faites ensuite dorer les pigeons en les retournant souvent, pendant 20 min.

Versez le bouillon. Lorsqu'il frémit, jetez-y les petits pois, et poursuivez la cuisson 30 min à couvert et à feu très doux.

Retirez les pigeons. Dressez-les sur un plat chaud et maintenez-les au chaud.

Augmentez le feu sous la cocotte. Incorporez le persil et prolongez la cuisson 15 min. Avec une cuillère, répartissez les petits pois et la sauce réduite sur les pigeons, puis servez sur des assiettes chaudes.

Salmis de faisan

Les salmis sont un dérivé du plus sophistiqué salmigondis, lui-même dérivé du salmagundy, *plat légendaire constitué de divers morceaux froids disposés en cercles concentriques. Vous pouvez préparer ce plat avec n'importe quel autre gibier à plumes, un salmis étant une merveilleuse façon de cuisiner les oiseaux vieux et fatigués tués à la fin de la saison.*

1 faisan
1 oignon haché fin
1 carotte hachée fin
1 branche de céleri hachée fin
70 g de beurre
5 cl de cognac
20 cl de vin rouge
40 cl de bon bouillon de gibier
sel et poivre
150 g de psalliotes
1 cuill. à soupe de beurre
1 filet de jus de citron

Préchauffez le four à 190 °C/Th. 4. Placez votre faisan sur un plat à rôtir et faites-le cuire 15 min.

Pendant ce temps, dans une cocotte allant au four, faites revenir à feu doux l'oignon, la carotte et le céleri dans le beurre fondu.

Sortez le faisan du four. Lorsqu'il est tiède, découpez les cuisses et les blancs en morceaux, puis disposez-les sur un plat allant au four en conservant leur jus. Mettez la peau et la carcasse dans la cocotte.

Dans une petite casserole, chauffez et flambez le cognac, puis versez-le délicatement dans la cocotte. Lorsque les flammes s'éteignent, ajoutez le vin rouge et le bouillon ainsi que le sel et le poivre. Laissez mijoter 30 min à feu doux.

Préchauffez le four à 180 °C/Th. 4. Pendant ce temps, faites cuire les champignons à feu très doux dans le beurre et le jus de citron, puis incorporez-les aux morceaux de faisan. Filtrez la sauce de la casserole sur le faisan. Enfournez 15 min pour terminer la cuisson.

Servez votre salmis avec du pain frit découpé en triangle et des légumes braisés, comme du chou rouge braisé (page 173) ou des endives (page 172).

Civet de lièvre

Riche et exquis, le lièvre est une douceur réservée aux jours sombres de l'hiver. Il existe dans le répertoire classique un plat sublime, d'une richesse incomparable – le lièvre à la royale, farci de foie gras, braisé dans du bourgogne (un minimum de deux bouteilles) et agrémenté d'une sauce au cognac. Invités de Moët et Chandon dans leur ravissant château de Saran, en Champagne, nous avons eu le plaisir de le goûter en brillante compagnie, arrosé de champagnes d'une cuvée exceptionnelle, et ce souvenir demeure inoubliable. Nous vous proposons ici une version certes moins raffinée, mais tout aussi délicieuse.

1 lièvre
20 cl d'huile d'olive
30 g de beurre
20 oignons cipollini
200 g de bacon fumé découpé en dés
1 grosse gousse d'ail écrasée
250 g de psalliotes
2 cuill. à soupe de gelée de groseille
sel et poivre

Pour la marinade :
3 gros oignons tranchés
1 carotte tranchée
50 cl de vin rouge
1 cuill. à soupe de cognac ou d'armagnac
5 cl d'huile
1 feuille de laurier
1 branche de thym
poivre

Demandez à votre volailler de découper le lièvre, ou faites-le vous-même : coupez les cuisses, les pattes de devant et le râble en 4 morceaux, puis réservez le foie et le sang. Disposez les morceaux dans un plat avec tous les ingrédients de la marinade.

Couvrez, puis laissez macérer 24 h au frais. Le lendemain, retirez et séchez chaque morceau, réservez les légumes et la marinade. Chauffez l'huile et le beurre dans une sauteuse, puis faites revenir les morceaux de lièvre de chaque côté. Transférez-les ensuite dans une cocotte. Dans la même sauteuse, faites dorer les cipollini et la carotte de la marinade, ainsi que le bacon et l'ail, puis incorporez-les au lièvre. Versez suffisamment de marinade pour le recouvrir, sans oublier la feuille de laurier et le thym, et laissez mijoter 2 h à feu doux.

Pendant ce temps, faites revenir les oignons et les psalliotes dans la poêle. Garnissez-en le lièvre lorsqu'il sera cuit et dressé sur un plat.

Hachez le foie. Mixez-le avec le sang réservé, puis incorporez-le au jus de cuisson avec la gelée de groseille, le sel et le poivre. Amenez à petit frémissement. Filtrez ensuite la sauce obtenue sur le lièvre.

Servez votre civet très chaud, avec du pain grillé et de simples pommes de terre bouillies.

Lapin grillé au feu de bois

Vous pouvez aujourd'hui vous procurer d'excellents lapins fermiers, à la fois tendres et savoureux, parfaits pour les barbecues. Faire mariner le lapin la veille de sa cuisson permet d'exhaler son parfum mais, rassurez-vous, cette étape n'a rien d'obligatoire !

1 lapin coupé : pattes et râble
4 gousses d'ail en tranches épaisses
1 bouquet d'herbes – romarin, thym, persil et sauge – grossièrement hachées
2 cuill. à soupe d'huile d'olive

Placez les morceaux de lapin dans un grand saladier. Parsemez-les d'ail et d'herbes, puis versez l'huile d'olive et laissez reposer 24 h au réfrigérateur en prenant soin de retourner régulièrement les morceaux.

Allumez un feu de bois et patientez jusqu'à l'obtention de braises blanches. Retirez le lapin du saladier, secouez-le pour le débarrasser de toutes les brindilles, puis mettez-le sur le feu de 15 à 20 min, jusqu'à ce qu'il soit entièrement cuit et commence à dorer. Si vous le percez d'une brochette, le jus qui s'en écoule doit être clair.

Pour parfaire ce repas, savourez-le dehors, avec une salade verte assaisonnée à l'ail, un bon pain croustillant et un merlot du pays d'oc.

Si vous n'avez pas de cheminée ou de barbecue, vous pouvez faire cuire votre lapin au gril électrique ou au gaz, chauffé à sa température maximale avant la cuisson.

Sauce bolognaise

Les spaghetti sauce bolognaise, connus sous leur nom italien de spaghetti sauce ragù, sont le plat de résistance de tout étudiant : que peut-il en effet y avoir de plus simple – de la viande hachée, une boîte de tomates et un paquet de spaghetti ? Cette sauce est pourtant infiniment plus délicieuse que cette « supposée » simplicité pourrait le laisser paraître. Nous la préparons généralement avec de l'agneau ou du veau qui, selon nous, lui confèrent un goût plus rond et la rendent plus consistante, mais vous pouvez les remplacer par du bœuf haché. Son secret ? Des heures de cuisson pour parvenir à une onctuosité homogène qui se marie à la perfection avec lasagne, cannelloni ou autres plats de pâtes.

10 cl d'huile d'olive
50 g de beurre
50 g de bacon fumé, de préférence de la pancetta, coupé en dés
1 oignon haché fin
2 gousses d'ail hachées fin
1 carotte hachée fin
1 branche de céleri hachée fin
500 g d'agneau, veau ou bœuf hachés
25 cl de vin rouge
500 g de tomates en boîte ou de tomates olivettes très mûres, sans la peau ni les pépins
1 branche de thym
1 feuille de laurier
sel et poivre

Préchauffez le four à 150 °C/Th. 3. Chauffez l'huile et le beurre dans une grande cocotte allant au four, puis faites revenir doucement le bacon, l'oignon, l'ail, la carotte et le céleri jusqu'à attendrissement. Ajoutez la viande hachée. Tournez. Lorsqu'elle rosit, versez le vin rouge par-dessus et laissez-le – presque – s'évaporer sans cesser de remuer. Incorporez alors les tomates, le thym et la feuille de laurier. Salez, poivrez, puis laissez à nouveau mijoter à feu doux.

Couvrez, remettez votre sauce sur le feu avec un diffuseur de chaleur, ou au four, et faites-la cuire 3 h en surveillant régulièrement – si elle s'assèche, ajoutez 1 cuill. à soupe d'eau et réduisez légèrement le feu. Une fois terminée, la sauce doit être sombre et épaisse, et plus aucun ingrédient ne doit être identifiable.

Spaghetti aux palourdes

Voici la version blanche de la sauce aux palourdes. Pour une version carmin, ajoutez quelques tomates pelées, épépinées et hachées.

4 kg de palourdes
75 ml d'huile d'olive
2 gousses d'ail hachées
10 cl de vin blanc
1 piment haché fin (facultatif)
1 poignée de persil haché fin
400 g de spaghetti ou de spaghettini (200 g pour une entrée)
sel et poivre

Nettoyez les palourdes et faites-les tremper 30 min dans l'eau froide. Changez l'eau plusieurs fois.

Dans une grande cocotte, chauffez l'huile d'olive et faites revenir l'ail à feu doux, puis augmentez le feu. Incorporez le vin, les palourdes, le piment si vous l'utilisez, et prolongez la cuisson de 5 à 8 min à couvert, en secouant régulièrement la cocotte.

Lorsque les palourdes sont toutes ouvertes, saupoudrez-les de persil. Pendant ce temps, faites cuire les pâtes selon les instructions indiquées sur le paquet. Égouttez-les parfaitement, puis mélangez-les aux palourdes. Salez et poivrez.

Servez immédiatement sur des assiettes très chaudes.

Si vous ne pouvez pas vous procurer de palourdes fraîches, achetez des palourdes italiennes en bocal ; elles sont également très bonnes et diminuent le temps de préparation du plat. Pour 250 g, divisez par deux la quantité de vin et faites-les cuire à feu doux en faisant bien attention à ne pas les laisser bouillir.

Lasagne al forno

Les lasagne fraîches se trouvent désormais facilement au rayon frais de la plupart des supermarchés ; quant aux lasagne sèches, elles sont devenues très simples d'utilisation depuis que leur précuisson n'est plus nécessaire. Pour une réussite parfaite, nappez-les de sauce bolognaise (page 156) et de montagnes de béchamel, puis parsemez-les de noix muscade et de parmesan.

250 g de sauce bolognaise (page 156)
300 g de lasagne
1 pincée de noix muscade
50 g de parmesan en copeaux

Pour la béchamel :
30 cl de lait
1 petit oignon haché
1 feuille de laurier
1 pincée de macis
30 g de beurre
30 g de farine
sel et poivre blanc

Préchauffez le four à 200 °C/Th. 5. Commencez la béchamel : chauffez le lait jusqu'à son point d'ébullition avec l'oignon, la feuille de laurier et le macis. Retirez du feu, puis laissez reposer à couvert.

Beurrez généreusement un plat à gratin de 1½ à 2 litres allant au four et recouvrez le fond de quelques cuillerées de sauce bolognaise. Disposez par-dessus une couche de lasagne, puis de nouveau une couche de sauce, en répétant l'opération jusqu'à utilisation complète de tous les ingrédients. Les quantités de cette recette nous permettent généralement de disposer 3 ou 4 couches complètes.

Terminez la béchamel : faites fondre le beurre dans une grande casserole, incorporez la farine et laissez cuire quelques minutes à feu doux. Filtrez ensuite le lait chaud et parfumé au chinois dans la casserole en tournant. Poursuivez la cuisson (sans cesser de tourner) jusqu'à épaississement de la sauce. Goûtez et, si vous le désirez, relevez de sel et de poivre blanc en gardant à l'esprit que la sauce bolognaise est déjà parfumée.

Versez la béchamel sur les lasagne, râpez un peu de noix muscade par-dessus et parsemez de copeaux de parmesan. Faites cuire de 30 à 40 min au four jusqu'à ce que les lasagne gratinent. Servez-les très chaudes avec une salade verte croquante.

Spaghetti carbonara

Ce plat de pâtes qui se prépare en un clin d'œil est idéal pour un dîner improvisé – une sorte de « bacon and eggs » à l'italienne.

400 g de bacon fumé, ou pancetta, coupé en lardons
4 jaunes d'œufs
10 cl de crème épaisse
500 g de spaghetti
sel et poivre
parmesan râpé pour servir

Faites dorer le bacon ou la pancetta dans une poêle.

Dans un saladier, mélangez les jaunes d'œufs et la crème.

Faites cuire les pâtes dans une grande quantité d'eau salée bouillante selon les instructions indiquées sur le paquet – en préférant une cuisson *al dente*.

Égouttez-les, puis remettez-les dans la casserole. Incorporez alors rapidement la préparation aux œufs et à la crème – elle va aussitôt épaissir à la chaleur des pâtes – puis le bacon ou la pancetta. Salez et poivrez.

Servez immédiatement les pâtes sur des assiettes chaudes, saupoudrées de parmesan râpé.

Sauce tomate pour pâtes

Pour cette sauce extrêmement simple, utilisez des tomates mûres, juteuses et parfumées.

2 cuill. à soupe d'huile d'olive
2 gousses d'ail hachées
1 bouquet d'oignons nouveaux émincés
500 g de tomates sans la peau, épépinées et grossièrement hachées
sel et poivre
1 pincée de sucre
1 filet de jus de citron
huile d'olive et feuilles de basilic ciselées pour servir

Dans une casserole, chauffez doucement l'huile, puis faites fondre l'ail et les oignons. Lorsqu'ils sont transparents, ajoutez les tomates et poursuivez la cuisson à feu très doux jusqu'à l'obtention d'une purée. Goûtez. Salez, poivrez et ajoutez du sucre, si nécessaire. Laissez cuire jusqu'à épaississement de la sauce à la consistance désirée. Relevez d'un filet de jus de citron.

À l'aide d'une cuillère, nappez les pâtes fraîchement cuites de cette sauce. Arrosez d'un filet d'huile d'olive et garnissez de feuilles de basilic ciselées.

Risotto primavera

Avec cette recette, les saveurs du printemps se glisseront sur votre table ! Si vous utilisez de jeunes légumes et un bouillon de volaille léger, votre risotto sera aussi bon qu'esthétique – un assortiment de superbes légumes verts mêlé à du riz blanc.

200 g de chaque : petits pois, fèves, haricots verts, courgettes, artichauts ou asperges – en tout 1 kg de légumes
75 cl de bouillon de volaille (page 247)
100 g de beurre
2 cl d'huile d'olive
4 oignons nouveaux tranchés
200 g de risotto – arborio ou carnaroli
1 petit bouquet d'herbes – persil, menthe, estragon hachés très fin
100 g de parmesan râpé fin, plus quelques cuillerées pour servir

Préparez les légumes : écossez les petits pois et les fèves ; équeutez les haricots verts et coupez-les en tronçons d'environ 2 cm ; tranchez les courgettes ; retirez les feuilles dures des artichauts et coupez le reste en tranches fines ; ôtez les parties dures des asperges, puis détaillez-les en tronçons de 2 cm. Blanchissez chaque légume séparément dans une eau bouillante légèrement salée.

Versez le bouillon dans une cocotte et portez-le à son point d'ébullition. Pendant ce temps, faites chauffer 25 g de beurre dans une sauteuse avec l'huile d'olive et faites blondir délicatement les oignons nouveaux sans les laisser roussir. Ajoutez le riz. Poursuivez la cuisson 2 min à feu doux jusqu'à ce que ses grains se nappent de beurre et d'huile.

Versez 2 louches de bouillon (bouillonnant) et brassez. Lorsque le riz l'a « bu », renouvelez l'opération avec le reste de bouillon, en tournant régulièrement jusqu'à ce que le riz l'ait entièrement absorbé et bouillonne.

Incorporez les légumes et les herbes avec la dernière louche, puis terminez avec le beurre restant et le parmesan.

Servez sur des assiettes chaudes, parsemé de parmesan râpé.

Risotto aux foies de poulet

Pour la plupart des gens, un risotto réclame des heures de préparation et de cuisson, et le riz n'est jamais correctement cuit. En réalité, ce plat est relativement simple à réaliser, l'essentiel étant de choisir le riz adéquat – privilégiez ainsi les variétés italiennes de riz rond aux grains courts, comme l'arborio, le carnaroli ou le vialone nano, le riz long grain américain, idéal pour un pilaf, n'étant pas adapté à un risotto.

1 litre de bouillon de volaille (page 247) ou de légumes (page 246)
2 échalotes hachées fin
100 g de beurre
2 cl d'huile d'olive
220 g de riz arborio, carnaroli ou vialone nano
500 g de foies de poulet nettoyés
1 branche de thym et ses feuilles hachées fin
100 g de parmesan râpé fin

Chauffez le bouillon dans une casserole. Pendant ce temps, faites revenir à feu doux les échalotes dans 25 g de beurre fondu et l'huile d'olive, jusqu'à ce qu'elles deviennent translucides. Ajoutez le riz, brassez délicatement 2 min afin de napper ses grains de graisse.

Versez 2 louches de bouillon frémissant par-dessus et continuez de tourner jusqu'à ce qu'il se mette à bouillir. Renouvelez l'opération avec le bouillon restant. Le riz doit entièrement absorber le bouillon.

Pendant ce temps, faites fondre 25 g de beurre dans une sauteuse. Lorsqu'il grésille, saisissez les foies de poulet avec les feuilles de thym en vous rappelant qu'ils doivent dorer en surface mais rester roses à l'intérieur. Pour cela, secouez sans cesse la sauteuse (les foies devant être toujours en mouvement). À ce moment, le riz aura attendri. Incorporez le beurre restant, la moitié du parmesan et mélangez bien.

Servez le risotto dans de grandes assiettes à soupe, garni des foies de poulet et de parmesan.

Kedgeree

Pour ce plat, nous préférons ne pas utiliser de restes de poisson ou de riz, mais le préparer avec des ingrédients « neufs ». Traditionnellement servi au petit déjeuner, il peut également faire office de déjeuner ou de dîner légers.

500 g de haddock
1 gros oignon haché fin
1 filet d'huile de tournesol
200 g de riz basmati
1 cuill. à café de pâte de curry ou de curry en poudre
2 cuill. à soupe de crème épaisse
40 g de beurre
1 petite poignée de persil haché fin
4 œufs durs écalés et conservés dans l'eau très chaude
chutney à la mangue pour servir

Faites cuire environ 5 min le haddock dans une eau à peine frémissante. Retirez-le et réservez le liquide. Ôtez sa peau et ses arêtes, puis émiettez-le.

Dans une sauteuse, faites revenir l'oignon à feu doux dans l'huile chaude jusqu'à ce qu'il devienne translucide et commence à blondir. Incorporez le riz avec environ 50 cl d'eau de cuisson du poisson, puis le curry. Portez à ébullition et laissez mijoter de 10 à 12 min à couvert, ou selon les instructions indiquées sur le paquet, jusqu'à ce que le riz commence à attendrir.

Lorsqu'il est cuit, ajoutez la crème et le beurre, puis, délicatement, le poisson émietté et le persil haché. Coupez les œufs en quatre.

Servez le *kedgeree* sur des assiettes très chaudes, coiffé des œufs coupés. Un chutney à la mangue est l'accompagnement idéal.

Pommes de terre rôties

Toujours très appréciées, les pommes de terre rôties peuvent parfois ne pas répondre aux attentes – il arrive en effet qu'elles soient trop cuites ou trop dures, trop grasses, en un mot, peu engageantes ! Mais il existe quelques « trucs » pour satisfaire les amateurs les plus exigeants, le premier étant d'attendre qu'elles soient cuites et non de les faire attendre ! En sachant qu'elles nécessitent environ 1 h de cuisson, il est facile de prévoir l'instant précis où vous passerez à table.

800 g de pommes de terre – grenailles, belles de Fontenay ou charlottes à peau mate
1 cuill. à soupe de sel
2 cuill. à soupe de graisse de rôti – bœuf, oie ou poulet

Préchauffez le four à 220 °C/Th. 6. Coupez les pommes de terre en deux ou en quatre selon leur taille. Mettez-les dans une casserole et recouvrez-les d'eau salée. Portez à ébullition puis laissez cuire 12 min.

Égouttez-les parfaitement, remettez-les dans la casserole, puis couvrez-les d'un torchon et d'un couvercle.

Pendant ce temps, mettez la graisse de rôti dans un plat à rôtir qui soit suffisamment grand pour pouvoir y étaler les pommes de terre en une seule couche. Enfournez le plat pour chauffer la graisse – elle doit être brûlante, presque fumante.

Secouez doucement la casserole de pommes de terre. Lorsque celles-ci sont parfaitement sèches, transférez-les délicatement dans le plat à rôtir. Brassez à l'aide d'une spatule en bois afin de les napper de graisse chaude, puis laissez-les cuire 1 h au four en les retournant toutes les 20 min afin qu'elles dorent uniformément.

Pommes frites

Les frites sont à classer dans la catégorie des aliments à consommer au restaurant – il est très rare que nous en préparions, nous ne possédons d'ailleurs pas de friteuse, et, si cela nous arrive, nous nous limitons à deux personnes. Supportant mal l'odeur de l'huile chaude, qu'elle soit de tournesol, de pépins de raisins ou de maïs, nous utilisons plutôt de la graisse de rôti de bœuf ; nous préférons également des frites larges et épaisses à de minuscules pommes allumettes. Les meilleures que nous ayons mangées sont celles de Heston Blumenthal, au Fat Duck, à Bray – espérons seulement qu'il les prépare encore !

Pour 2 personnes :

2 grosses pommes de terre à cuire au four – les bintjes ont la chair ferme et un parfait maintien
1 kg de graisse de rôti de bœuf
sel

Nettoyez les pommes de terre. Laissez la peau ou pelez-les selon votre préférence. Coupez-les dans le sens de la longueur en bâtonnets d'environ 2 cm de large ; vous obtiendrez alors seulement 6 frites par pomme de terre, ce qui suffit pour une personne.

Rincez soigneusement les frites à l'eau froide, puis séchez-les parfaitement à l'aide d'un papier absorbant ou d'un torchon.

Faites chauffer la graisse de rôti dans une grande cocotte jusqu'à ce qu'elle soit assez chaude pour frire instantanément une miette de pain.

Placez les frites dans un panier à friture et plongez-les délicatement dans l'huile chaude (savourez le frissonnement de la friture). De temps à autre, secouez délicatement le panier afin qu'elles n'attachent pas.

Lorsque leur couleur vire au jaune pâle, retirez le panier et laissez s'écouler l'excès de graisse dans la cocotte. Après 1 min, replongez les frites dans la graisse de rôti brûlante, puis faites-les de nouveau frire jusqu'à ce qu'elles deviennent, cette fois, dorées et croustillantes.

Salez et servez quasi immédiatement.

Lorsque la graisse de rôti refroidit, filtrez-la à travers une double couche de mousseline dans un récipient. Elle se conserve ainsi environ 2 mois au réfrigérateur et peut être réutilisée.

Pommes de terre rissolées

Les pommes de terre rissolées se marient avec la quasi-totalité des plats – steak, poisson, poulet et, délice d'entre les délices, œufs au bacon.

800 g de pommes de terre à chair ferme et fondante – belles de Fontenay, grenailles, charlottes
sel
2 cuill. à soupe de beurre clarifié, d'huile d'olive ou de graisse d'oie rôtie
quelques feuilles de sauge ciselées (facultatif)

Plongez les pommes de terre dans une casserole d'eau froide. Ajoutez 1 cuill. à soupe de sel et portez à ébullition. Faites cuire 15 min à petit frémissement, puis égouttez. Lorsque les pommes de terre sont tièdes, épluchez-les et découpez-les en tranches rondes ou ovales.

Dans une grande sauteuse, chauffez le beurre ou l'huile. Jetez les pommes de terre en une seule couche. Selon la taille de votre poêle, vous serez peut-être obligé de procéder en plusieurs fois. Tournez régulièrement et poursuivez la cuisson jusqu'à ce que les pommes de terre soient dorées et croustillantes.

Juste avant la fin de la cuisson, ajoutez les feuilles de sauge si vous le désirez, puis salez et servez immédiatement.

Champ

1 kg de pommes de terre – bintjes ou similaires – coupées en quatre
25 cl de lait
100 g de beurre
1 bouquet d'oignons nouveaux tranchés
sel et poivre blanc

Faites bouillir les pommes de terre dans une eau salée jusqu'à tendreté. Égouttez-les, remettez-les dans la cocotte, puis recouvrez-les d'un linge.

Portez le lait et le beurre à ébullition. Incorporez les oignons nouveaux et poursuivez la cuisson 5 min à petit frémissement.

Passez les pommes de terre au moulin à légumes, ou écrasez-les avec un presse-purée. Incorporez la préparation de lait-crème-oignons. Mélangez. Salez, poivrez et servez très chaud.

Endives braisées

Les petites endives aux pointes jaune pâle et aux feuilles compactes, croquantes et légèrement amères, sont parfaites en salade et délicieuses braisées, leur amertume se transformant alors en une douceur caramélisée. L'hiver étant la saison des endives, c'est à cette époque qu'elles sont les meilleures. Braisées, elles constituent l'accompagnement rêvé d'une viande ou d'un poisson grillés.

4 endives
2 cuill. à soupe de beurre
5 cl de bouillon de volaille (page 247)

Retirez toutes les feuilles noires ou abîmées et coupez les endives en deux dans le sens de la longueur. Si leur cœur est trop large, retirez-le.

Faites fondre le beurre à feu moyen dans une sauteuse. Disposez les endives, côté coupé vers le bas. Secouez la sauteuse de temps en temps pour ne pas qu'elles attachent. Lorsque leurs bords roussissent, retournez-les et dorez l'autre face. Retournez-les à nouveau et nappez-les de bouillon. Réduisez le feu, revenez à un petit frémissement, puis poursuivez la cuisson 20 min jusqu'à attendrissement. Veillez à ce que le jus ne s'évapore pas durant la cuisson. Quand les endives sont cuites, augmentez le feu pour transformer tout liquide résiduel en un sirop collant.

Vous pouvez cuisiner le fenouil de la même façon, en coupant les bulbes en quatre et en les faisant cuire environ 30 min.

Laitues braisées aux petits pois

4 laitues non pommées
50 g de beurre
1 pincée de sel
1 pincée de sucre
300 g de petits pois – sans les cosses
5 cl de bouillon de légumes léger (page 246)
6 à 8 feuilles de menthe ciselées

Retirez les feuilles extérieures des laitues, puis coupez les salades en deux dans le sens de la longueur; coupez également les cœurs. Dans une sauteuse, faites fondre très doucement les salades dans le beurre chaud. Saupoudrez de sel et de sucre. Versez les petits pois et le bouillon, puis laissez mijoter 15 min à feu doux. Lors des 5 dernières minutes, incorporez les feuilles de menthe.

Servez ces laitues chaudes, comme légume d'accompagnement, ou à température ambiante, en salade.

Chou rouge braisé

Ce délicieux légume d'hiver se conserve parfaitement et est tout particulièrement savoureux avec un rôti, un gibier ou des saucisses.

2 pommes pelées et tranchées, sans le cœur ni les pépins
1 oignon tranché fin
20 g de beurre
1 chou rouge tranché fin
3 cuill. à soupe de cassonade
3 cuill. à soupe de vinaigre de vin rouge
5 cl de bouillon de volaille (page 247) ou de légumes (page 246) léger
1 bouquet de thym
sel et poivre
1 filet de jus de citron

Préchauffez le four à 160 °C/Th. 3. Dans une grande cocotte, faites revenir doucement les pommes et l'oignon dans le beurre fondu jusqu'à ce qu'ils réduisent.

Ajoutez le chou, le sucre, le vinaigre, le bouillon et le thym. Portez à un léger frémissement, fermez avec un couvercle qui s'ajuste parfaitement, et faites cuire très doucement au four (ou sur la cuisinière) pendant environ 1½ h, ou jusqu'à tendreté.

Lorsque le chou est cuit, goûtez-le et assaisonnez-le ; si vous le trouvez trop fade, relevez-le d'un filet de jus de citron.

Vous pouvez varier les parfums en remplaçant le thym par quelques clous de girofle et une pincée de cannelle, ou quelques baies de genièvre écrasées.

Légumes-racines rôtis

Coupés comme des pommes de terre, la plupart des légumes-racines rôtissent parfaitement ; la chaleur du four et l'absence d'eau contribuent à décupler leurs parfums.

800 g de légumes-racines tranchés – panais, céleri-rave, artichauts de Jérusalem, betteraves, carottes
sel
2 cuill. à soupe de graisse de rôti – l'oie est parfaite – ou de poulet, ou d'huile d'olive

Préchauffez le four à 220 °C/Th. 6. Blanchissez les légumes séparément dans de l'eau bouillante salée, 10 min chacun.

Pendant ce temps, mettez la graisse de rôti dans un grand plat à rôtir et passez-la au four. Lorsqu'elle est chaude (elle doit presque commencer à fumer), jetez-y les légumes et brassez-les afin de les napper uniformément de graisse.

Remettez le plat au four. Faites rôtir les légumes de 35 à 40 min en les retournant de temps en temps. Ils sont cuits lorsqu'ils sont tendres et dorés.

Servez immédiatement.

Gratin dauphinois

Si nous préparons ce plat simple et délicieux uniquement avec des pommes de terre et de la crème, sans fromage, ail ni bacon, il s'agit encore d'une affaire de goût et vous pouvez bien sûr y ajouter ces ingrédients. En revanche, si nous avons la chance d'avoir une truffe en réserve, nous n'hésitons pas à glisser quelques lamelles de ce délice au cœur des pommes de terre, transformant ainsi notre gratin en mets de luxe.

800 g de BF 15, estima, francine ou toute autre variété de pommes de terre à chair ferme, tranchées
30 cl de crème liquide, ou d'un mélange de lait et de crème épaisse
sel et poivre
50 g de beurre

Préchauffez le four à 200 °C/Th. 5. Mettez les pommes de terre dans une cocotte avec la crème, ou la crème épaisse et le lait, salez, poivrez et laissez mijoter 5 min en tournant délicatement pour ne pas qu'elles attachent. Beurrez un plat à gratin creux de 1½ litre avec 50 g de beurre.

Transférez les rondelles de pommes de terre dans ce plat en les étalant uniformément. Versez la crème chaude par-dessus et faites-les cuire 1 h au four. La surface doit dorer et bouillonner. Si vous trouvez que votre gratin devient trop sec, recouvrez-le de papier d'aluminium.

Gratin de bettes

Le nom gratin vient du mot « gratter » – les petits morceaux croustillants qui restent collés sur les bords du plat ! Le nombre de légumes que l'on peut accommoder en gratin est infini. Nous vous proposons ici une recette de base où sont utilisées les tiges de bettes aux multiples couleurs, mais aussi leurs feuilles brillantes et vert sombre.

1 gros bouquet de bettes
sel et poivre blanc
40 cl de lait
15 cl de crème liquide
100 g de beurre
30 g de farine sans levure
1 pincée de noix muscade
100 g de parmesan râpé

Préchauffez le four à 220 °C/Th. 6. Tranchez les bettes en tronçons de 2½ à 3 cm et hachez les feuilles. Blanchissez séparément les feuilles et les tiges dans une eau bouillante salée – environ 5 min – puis égouttez-les. Chauffez le lait et la crème à la limite du point d'ébullition.

Dans une grande casserole, faites fondre la moitié du beurre. Incorporez la farine, laissez cuire la préparation 1 ou 2 min à petit bouillon, puis versez-la lentement dans le lait chaud et la crème, sans cesser de fouetter, jusqu'à ce que le liquide arrive à ébullition : vous obtiendrez ainsi une sauce blanche épaisse. Salez, poivrez et ajoutez une pincée de noix muscade.

Beurrez un plat à gratin avec le beurre restant. Incorporez les bettes dans la sauce et versez le tout dans le plat à gratin. Parsemez de parmesan. Passez au four ou au gril chaud 10 min, jusqu'à ce que la surface gratine.

Haricots et pois

Comment faut-il faire cuire les haricots verts et blancs ? La réponse est souvent synonyme d'une brûlante controverse – doit-on les cuisiner *al dente* et les servir croquants, ou à la limite de la bouillie ? Nous appartenons à l'école rejetant les haricots croquants, mais des haricots gris sont tout aussi insupportables. L'idéal étant de trouver le juste milieu, nous pouvons donc seulement vous conseiller de surveiller de très près leur cuisson.

Jeunes, les fèves peuvent être bouillies et servies avec leurs cosses ; mais, durcissant au fil de la saison, il est alors préférable de les écosser – la tâche est certes laborieuse, mais quelle satisfaction pour le palais.

Les petits pois jeunes et frais réclament une cuisson très rapide, les pois plus mûrs un temps de cuisson légèrement prolongé – soyez là aussi vigilant et, écumoire en main, tenez-vous prêt à les goûter régulièrement ! Sachez que saler les haricots et les petits pois après la cuisson durcit leurs cosses.

Autre polémique : faut-il ou non les beurrer ? Tout dépend en fait de l'accompagnement. Si le plat avec lequel vous les servez est enrobé d'une sauce onctueuse, le beurre sera sans doute superflu, en revanche, s'il s'agit d'une grillade ou d'un plat froid, il deviendra indispensable, avec pour seul impératif d'être mélangé aux haricots tant qu'ils sont chauds.

Chou-rave

Parent de la famille des crucifères, le chou-rave est délicieux très jeune. Nous le cueillons dans notre potager lorsqu'il a la taille d'une balle de ping-pong. Découpé en tranches fines et cuit rapidement dans une eau bouillante salée jusqu'à tendreté, il présente un goût infiniment délicat et une couleur vert pâle translucide, tout simplement sublime.

Jeunes courgettes, bettes à cardes, fenouil et mini-betteraves

Avec un parfum frais et une texture remarquable, les mini-légumes sont parfaits pour un repas estival. Les jeunes courgettes, les tiges de bettes à cardes, le fenouil et les mini-betteraves cuits juste à tendreté sont délicieux avec une simple noix de beurre.

Ratatouille

Pour ce « ragoût » de légumes estival, les recettes sont presque aussi nombreuses que les cuisiniers. Cuisinez-vous tous les légumes séparément, ou tous ensemble dans la cocotte ? Ajoutez-vous des poivrons verts ? Préparez-vous votre ratatouille sur le feu ou au four ? La recette que nous vous proposons ici est née de notre expérience et permet d'obtenir une belle ratatouille ferme qui sera encore meilleure si vous la laissez reposer 24 h et la servez à température ambiante.

20 cl d'huile d'olive
6 courgettes tranchées
3 oignons tranchés
2 poivrons rouges, sans le cœur ni les pépins, tranchés
2 aubergines coupées en 4 et en tranches épaisses
4 gousses d'ail tranchées fin
8 tomates pelées, épépinées et coupées en 4
sel et poivre
1 grosse branche de thym
1 feuille de laurier

Préchauffez le four à 180 °C/Th. 4. Dans une sauteuse, chauffez la moitié de l'huile et faites revenir doucement les courgettes. Lorsqu'elles ont attendri et commencent à dorer, transférez-les dans une cocotte allant au four en essayant de conserver autant d'huile que possible dans la sauteuse.

Faites réduire dans la sauteuse les oignons à feu doux, puis mélangez-les aux courgettes. Faites ensuite revenir les poivrons rouges dans l'huile chaude. Lorsqu'ils sont tendres, ajoutez-les aux autres légumes, puis renouvelez l'opération avec les aubergines – il est alors possible que vous soyez obligé de remettre de l'huile dans la sauteuse – jusqu'à ce qu'elles dorent. Transférez-les à leur tour dans la cocotte.

Faites revenir l'ail à feu doux. Quand il est translucide, ajoutez les tomates. Salez, poivrez et poursuivez la cuisson jusqu'à ce qu'elles ramollissent. Incorporez-les avec le thym et la feuille de laurier en brassant très délicatement pour bien les mélanger aux autres légumes. Faites cuire 20 min à couvert et au four, puis retirez le couvercle et continuez la cuisson 35 min.

Ajoutez l'huile restante, laissez refroidir complètement. Couvrez à nouveau et conservez la ratatouille 24 h avant de la servir à température ambiante.

Purée de céleri-rave

Proche parent du céleri, le céleri-rave exhale un parfum à la fois plus subtil et plus corsé. C'est un formidable légume d'hiver – délicieux rôti, râpé et mélangé à une mayonnaise à la moutarde, ou en purée avec des pommes de terre.

800 g de céleri-rave haché
sel et poivre blanc
1 grosse pomme de terre coupée en dés
50 g de beurre
5 cl de crème liquide

Faites bouillir le céleri-rave 20 min dans une grande quantité d'eau salée. Ajoutez la pomme de terre et poursuivez la cuisson 20 min supplémentaires jusqu'à attendrissement des deux légumes.

Égouttez parfaitement les légumes, puis remettez-les dans la casserole. Séchez-les à feu doux en secouant. Passez-les ensuite au moulin à légumes ou au presse-purée.

Chauffez le beurre et la crème, puis incorporez-les à votre purée en la relevant de sel et de poivre.

Cèpes aux pommes de terre, ail et persil

Si vous les faites cuire ensemble, les Boletus edulis *– cèpes ou porcini – imprégneront les pommes de terre de leur piquant. Pour un fini sublime, incorporez de l'ail et du persil. Vous pouvez tricher en intégrant quelques psalliotes, fermes et tranchées – elles absorberont le parfum des cèpes pendant la cuisson.*

1 kg de pommes de terre à chair ferme et fondante
sel et poivre
250 g de cèpes frais, ou autant que vous pouvez vous le permettre, coupés en tranches épaisses
2 cuill. à soupe d'une bonne huile d'olive
2 gousses d'ail hachées fin
1 poignée de persil haché fin

Faites bouillir les pommes de terre avec leur peau dans beaucoup d'eau salée. Alors qu'elles sont à peine cuites, égouttez-les, puis, une fois tièdes, épluchez-les et coupez-les en tranches épaisses.

Dans une sauteuse, faites revenir les pommes de terre et les champignons à feu doux dans l'huile chaude jusqu'à ce que les cèpes commencent à fondre. Saupoudrez d'ail et de persil en secouant la sauteuse pour les répartir uniformément ; l'ail doit cuire légèrement.

Servez sur des assiettes chaudes et dégustez lentement, en savourant chaque bouchée de ce délice.

Vin et cuisine

Un repas sans vin est comme un jour sans soleil – morose. C'est pourquoi nous avons demandé à notre ami Bill Baker de nous suggérer des vins susceptibles d'accompagner nos recettes. Grâce à ses conseils, vos repas se teinteront de plaisir.

Les plats proposés dans *Cuisine plaisir* sont ceux que l'on peut s'attendre à trouver dans la plupart des villes de province. Mais les vins qui les accompagnaient autrefois sont souvent devenus inabordables, et si le risque encouru en commandant un puligny-montrachet ou un volnay caillerets était alors de subir l'incompétence d'un vigneron n'ayant pas mérité ce précieux héritage, il est aujourd'hui celui d'une faillite immédiate ! Mais il existe toujours des vins simples et merveilleux à des prix tout à fait raisonnables, pour lesquels, à l'instar de la cuisine, il est préférable de connaître celui qui l'élabore.

Régions classiques

Bordeaux

Pour qui est en quête d'un bon « petit » vin, la région bordelaise est réputée difficile. Cela dit, on y trouve de merveilleuses cuvées si l'on s'éloigne des vignobles réputés : ainsi, les lalande-de-pomerol, fronsac, bourg et blaye, les vins des régions satellites de Saint-Émilion et les appellations modestes étiquetées bordeaux supérieur. Il serait plus simple d'indiquer les vins à éviter, ceux qui sont mélangés, répondent aux appellations « baron de ceci » ou « comte de cela » ou simplement bordeaux, ceux, enfin, qui proviennent des coopératives.

Bourgogne – rouge

Les meilleurs vins de cette région sont si chers qu'il est préférable de s'éloigner de son épicentre géographique. Dans la Côte chalonnaise, les trois villages de Rully, Mercurey et Givry produisent d'excellents pinots noirs légers, notamment chez Faiveley, Yves de Suremain, Mouton, Jacquesson et Dureuil Janthial. Au nord, les villages situés derrière le sillon royal de la Côte d'Or – Auxey-Duresses, Pernand-Vergelesses, Saint-Romain, Ladoix, Monthélie, Marsannay, Saint-Aubin et Chorey-les-Beaune – produisent des vins de bon rapport qualité-prix, principalement chez Chandon de Briailles, Tollot Beaut et Ampeau, sans oublier certains négociants (Jadot, Drouhin et Faiveley). Si vous recherchez des bourgognes rouges, allez faire un tour chez Lafarge, Potel, Bachelet ou Ghislaine Barthod, et pour un côte-de-beaune, côte-de-nuits ou hautes-côtes-de-nuit, chez Jadot, Faiveley et la famille Gros.

Si vous avez du temps devant vous, n'hésitez pas à vous promener dans la région. Vous serez récompensé de votre flânerie à Santenay et Savigny, chez des viticulteurs comme Pavelot et Colin, ou des négociants comme Girardin.

Bourgogne – blanc

La plupart des suggestions pour les bourgognes rouges valent également pour les blancs. Mais il faut y ajouter, pour la Côte chalonnaise, le village de Montagny. Les vignobles situés les plus au sud du Mâconnais (Mâcon, Saint-Véran et les appellations Fuissé) produisent des blancs d'excellente renommée, notamment chez Lafon, Verget, Goyard, Vincent et Rijkeart.

Pour dénicher un bon côte-de-beaune, n'hésitez pas à vous rendre dans les villages cités plus haut pour les vins rouges. Les vignobles de Saint-Aubin et Saint-Romain produisent davantage de blancs que de rouges (Allaines, Colin et Hubert Lamy figurent parmi les adresses les plus intéressantes), ceux de Ladoix, Monthélie et Pernand-Vergelesses, moins de blancs, mais de bonne qualité.

À Savigny et Santenay, Jadot, mais surtout Girardin, offrent des vins admirables ; certains parmi les plus chers ont un parfum boisé, issu du chêne, mais à ce niveau de qualité, le fruité chardonnay est infiniment pur.

Il est tout à fait incorrect de classer le chablis dans la même catégorie que les bourgognes blancs, ses vignobles étant situés à l'extrême nord de la Côte d'Or. Élaborés à partir de cépages de chardonnay, ils comportent bien sûr certaines ressemblances, mais la délicate minéralité, si particulière, que les sols de Chablis devraient apporter à ce merveilleux cépage et qui doit être avant tout recherchée, est détruite par une élaboration reposant fortement sur le chêne. Goûtez les vins de Brocard et Michel.

Beaujolais

En dépit du prix de certains vins comme le fleurie, le moulin-à-vent et le juliénas qui ne cesse de grimper, le beaujolais mérite de figurer sur cette liste car il accompagne à merveille de nombreuses recettes de ce livre – y compris certains plats de poisson. Si le beaujolais-village est intéressant, il est préférable d'éviter le beaujolais de base. Intéressez-vous aux « villages » ayant permis la nomination de leurs vins. Le fleurie est le plus populaire, mais aussi, souvent, le plus décevant (approvisionnez-vous chez André Colonge). Le moulin-à-vent, le morgon et le brouilly comptent parmi les meilleurs, le chiroubles, le saint-amour et le juliénas sont généralement plus légers, avec un délicieux fruité de framboise, typique du cépage gamay.

Côtes du Rhône

Pour les amateurs de rouges intenses, au corps chaleureux plein d'embonpoint, cette région située entre Vienne et Avignon est incontournable. Le côtes-du-rhône classique permet de réaliser de réelles affaires, en particulier chez Guigal, le plus grand producteur, mais des dizaines d'autres viticulteurs proposent également d'excellents vins à des prix raisonnables. Parmi les dix-sept communes du côtes-du-rhône-village, situées au sud de la région, des domaines extrêmement sérieux sont promis à un bel avenir, parmi lesquels les domaines de

Soumade et de Marcel Richaud dont la propriété de Cairanne offre chaque année une production de qualité. Encore peu connu, Lirac est l'endroit idéal pour acheter des vins de type châteauneuf, la meilleure adresse étant probablement le Domaine de la Mordorée.

Si vous êtes prêt à dépenser davantage, laissez-vous tenter par un gigondas (de Saint-Cosmé, Saint-Gayan et Raspail-Ay), un crozes-hermitage (de Jaboulet, Chapoutier et du Domaine des Remiziers), un vacqueras (Château des Tours et Clos de Cazaux), ou encore un vin comme un châteauneuf-du-pape, un saint-joseph ou un cornas, désormais onéreux mais merveilleux avec le gibier.

Loire

Qui aurait pu imaginer que le muscadet subirait un jour une réhabilitation ? À son image, les vins de cette région sont devenus plus que corrects, le prix du sauvignon vif et pur des vignobles de Sancerre et Pouilly-Fumé s'étant, quant à lui, littéralement envolé. Pour des vins plus abordables, préférez les villages alentour, moins réputés, tels que Quincy, Reuilly et surtout Ménétou-Salon, où Henri Pellé produit des vins d'une qualité égale à celle de n'importe quel sancerre (mais malheureusement au même prix que le meilleur d'entre eux, issu des vignobles de Vacheron et Bourgeois, Delaporte et Mollet). Sur l'autre rive du fleuve, les vins de Pouilly-Fumé sont vendus à des prix comparables à ceux du sancerre ; plusieurs vignobles appartenant à des branches variées de la famille Dagueneau proposent d'excellents sauvignons blancs, le meilleur, mais aussi le plus coûteux, se trouvant chez Didier.

Les blancs produits dans la « section centrale » de la Loire et de la Touraine, le vouvray et le montlouis, sont réalisés avec du chenin blanc et ont un goût plus puissant. Essayez les vins de Huet, à Vouvray : ses blancs secs sont grandioses avec des poissons de rivière, les plus doux méritent d'être bus seuls, ou assortis d'une pêche mûre.

Alsace

L'Alsace a changé de mains quatre fois entre la France et l'Allemagne depuis la fin de guerre franco-prussienne en 1871. Jusqu'à une époque récente, ses vins étaient les seuls vins français dont les noms étaient liés à la variété des cépages et non à leur origine territoriale. Le riesling est considéré par les Alsaciens comme le roi des raisins mais le gewurztraminer, issu d'un cépage épicé, s'est révélé plus attrayant ; la valeur sûre demeurant le pinot blanc qui doit impérativement se boire jeune et frais.

Le pinot gris est un cépage très intéressant, dont les vins sont excellents avec de la charcuterie, surtout du foie gras. Acheter du vin en Alsace est simple : il suffit de connaître les producteurs pour avoir de bons crus. Trimbach, Hugel, Schlumberger, Bott-Geyl, Boxler et Zind-Humbrecht comptent parmi les meilleurs. Mais le fruité de leurs cuvées peut s'avérer déconcertant. Si vous recherchez un vin sec, rendez-vous chez Trimbach ; pour un vin plus riche et intense, chez Zind-Humbrecht. Les vins d'Alsace sont parfaits pour un apéritif.

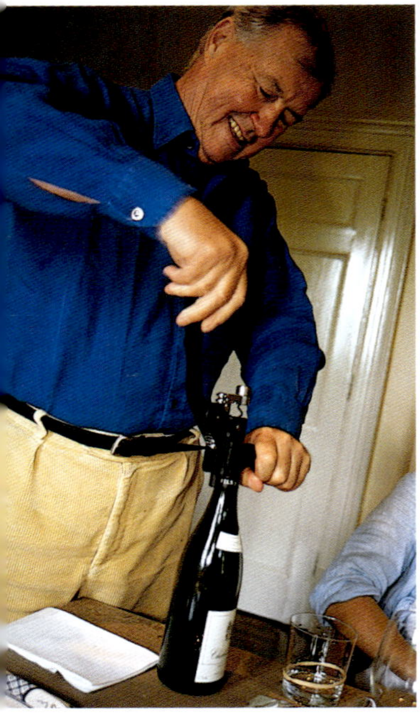

Les vins de pays

Les vins de pays sont issus de régions géographiquement indéfinissables dans lesquelles ont été réalisés les plus progrès les plus fulgurants, et qui se sont imposées comme le royaume des vins simples, francs et goûteux, à l'excellent rapport qualité-prix.

Provence

Le bandol est l'une des appellations les plus sophistiquées du Sud. Principalement réalisé avec du mourvèdre – un cépage ferme, fort et épicé –, il gagne à prendre de la bouteille. Les meilleurs producteurs travaillent sous la houlette du Domaine Temier ; parmi eux figurent ceux du Domaine Bunan et du Château de Pibarnon. Les bandols rosés sont merveilleux l'été, certains blancs, très acceptables ; contrairement aux rouges, ils se boivent très jeunes.

Les coteaux d'Aix, seconde région viticole la plus importante du Sud, se situent entre Aix et Salon-de-Provence, avec une sous-section autour du village médiéval des Baux. Cette région se divise en deux groupes : celle des vins devant être consommés jeunes, parmi lesquels les rosés (la plupart étant meilleurs lorsqu'ils sont consommés sur place), et celle des vins gagnant à vieillir, avec pour principaux composants de la syrah et du cabernet-sauvignon. Le plus bel exemple est le vin du Domaine de Trevallon, qui était d'un excellent rapport qualité-prix mais dont la réputation désormais internationale a fait flamber les prix. Pour protéger vos finances, allez plutôt faire un tour du côté des Château de Bargemone, Château Vignaleure, Mas de la Dame, Mas Saint-Berthe et du Domaine de Terres Blanches. D'autres vins de Provence méritent d'être cités : ceux des coteaux Varois, des Domaine de Triennes, Rabiega, Gavoty et Courtade, pour les côtes-de-provence, ainsi que ceux du Château de Bellet.

Languedoc-Roussillon

Si le Midi est la patrie de la plupart des vins ordinaires, les améliorations qui y ont été réalisées au cours des vingt dernières années se sont révélées aussi passionnantes que positives. Les variétés principales de rouges sont élaborées avec du grenache, de la syrah, du mourvèdre, du counoise, du carignan et du cinsault. Les vignobles des Costières de Nîmes produisent de bons vins rouges, d'un bon rapport qualité-prix, mais aussi d'agréables rosés, les meilleurs étant ceux du Château de Belle-Coste, Château Mourges du Grès et Château de Saint-Cyrges. Grâce à une qualité en progression constante, cette région est à surveiller de près.

Les vignobles du coteau du Languedoc s'étendent sur une étendue de terre située dans l'Hérault et à la frontière de l'Aude et du Gard ; cette appellation est composée de nombreuses sous-sections géographiques, bien que la plupart des vignes s'épanouissent sur les coteaux. Ses meilleurs vins sont ceux du Pic-Saint-Loup, du Mas Bruguiere, du Château de Lascaux et du Domaine de l'Hortus, où sont produites d'excellentes cuvées : les blancs (la grande cuvée, moitié chardonnay, moitié viognier) y sont aussi bons que les rouges (composés de syrah et mouvèdre avec 15 % de grenache). Le vin rouge de Cabrières, au Prieuré de Saint-Jean de Bebian, est constitué à parts égales de grenache, mourvèdre et syrah.

Une autre sous-section mérite qu'on la mentionne : la région de Saint-Georges-d'Orques, à côté de Montpellier, qui jouit d'une excellente réputation et dont les vins sont exportés au Royaume-Uni depuis 1715 ; les plus fins sont ceux du Domaine Henry.

Dans les coteaux du Languedoc, à Saint-Saturnin près du village de Saint-Pargoire, le Domaine Peyre Rose produit un vin exceptionnel, composé de syrah et de petites quantités de grenache ou, selon la cuvée, de mourvèdre ; il compte parmi les meilleurs vins du Sud et parmi ceux qui vieillissent le mieux. Enfin, sur la côte, se trouve le picpoul de pinet, un blanc idéal l'été, simple, mais tout à fait satisfaisant entre les mains de bons viticulteurs, comme ceux du Domaine Felines-Jourdan. Petit aparté, picpoul signifie pique-lèvres !

Les vins de Faugères, situé sur les contreforts des Cévennes, sont mieux classés que les coteaux-du-languedoc, sans doute grâce à leurs effluves d'herbes et de pins, typiques de la garrigue de ce pays sauvage. Ici, le domaine principal est celui de Jean-Michel Alquier ; ses vins dominés par un cépage syrah sont chers mais méritent d'être découverts.

Entre Faugères et Minervois, Saint-Chinian a reçu une appellation contrôlée en 1982 ; depuis, le nombre de bons producteurs ne cesse d'augmenter et il existe – fait assez rare pour être mentionné – deux coopératives décentes. Contrairement aux autres régions, rien, dans la réglementation de l'origine contrôlée, n'empêche ici les producteurs de réaliser une pure syrah. Les vins sont donc plus généreux que les minervois et moins fermes, les meilleures cuvées étant celles du Château Cazal-Viel et du Domaine Borie la Vitarele.

Le Minervois est l'une des plus anciennes régions viticoles françaises, et la Livinière, qui a reçu récemment sa propre appellation contrôlée, mérite désormais que l'on s'y intéresse. Il faut citer de nombreux producteurs : Château de Gourgazaud, Château Coupe Roses, Domaine Lapeyre, Château d'Oupia et Domaine Borie de Maurel, dont le scylla est l'un des plus vins les plus prestigieux du Sud. Les racines du Minervois et de son proche voisin des Corbières remontent aux temps des Phéniciens. Il est difficile de définir avec précision la qualité et la quantité des vins produits dans les Corbières : son vignoble, le plus vaste du Roussillon, est en effet trop important et ses microclimats, tout comme ses sols, sont trop divers. Ils semblent toutefois plus secs et moins sophistiqués que ceux de nombreuses régions voisines. Les propriétés de Château de Lastours, Château Voulte-Gasparets et Château les Ollieux Romanis produisent de bonnes cuvées d'un excellent rapport qualité-prix.

Une mention spéciale, aussi, pour les meilleurs côtes-du-roussillon et côtes-du-roussillon-villages, fabriqués selon la tradition. On y trouve toujours une forte proportion de carignan, un cépage que tendent à rejeter les courants modernistes mais qui, sur un vin vieilli, apporte aux vins du Sud une formidable contribution. Son maximum autorisé dans la fabrication est de 60 %, avec un minimum de 20 % de syrah et de mourvèdre. Parmi les vins les plus intéressants, citons ceux du Domaine Gauby, Domaine Cazes et Château Rozes.

Le Sud-Ouest

Ces dix dernières années, la viticulture du Sud-Ouest a connu de rapides progrès. L'appellation la plus importante est celle de madiran. Alain Brumont, propriétaire du meilleur domaine de la région, le Château Montus, ainsi que deux autres viticulteurs, Meinjarre et Bouscasse, ont relancé la production de la région, mais le Domaine Chapelle-Lenclos, le Château d'Aydie et le Château Barrejat réservent aussi de belles curiosités. Le vin blanc y est produit sous le label pacherenc du vic-bihl (surprenant mais véridique). Certains sont réalisés avec des cépages de gros et de petit manseng, d'autres, comme le château Bouscasse de Brumont, uniquement du corbu. Ces vins rafraîchissants peuvent être tout à fait étonnants.

Le vignoble d'Irouleguy produit surtout du vin rouge mais aussi quelques bons blancs – en revanche, et jusqu'à preuve du contraire, aucun rosé correct. À l'instar du madiran, les rouges sont élaborés avec du tannat auquel sont souvent mélangés, comme pour le premier, du cabernet-sauvignon et cabernet franc. La production du Domaine Illaria est probablement la meilleure de la région avec sa cuvée bixintxo à l'extraordinaire tannat, mais le Domaine Brana produit aussi de très bons vins, ainsi qu'une formidable poire william.

Le jurançon est un vin blanc réalisé avec du gros et du petit manseng. Jusqu'à une époque récente, cette région ne produisait que des vins doux – intéressants mais les meilleurs sont devenus inabordables. Les vins secs y sont vifs et caractéristiques. Recherchez ceux des Domaines Cauhape et Ramonteu, ains que des Clos Guirouilh, Lapeyre et Uroulat.

Autour de Bordeaux

Le vin produit à Bergerac, région la plus proche de Bordeaux, provient des mêmes cépages : cabernet-sauvignon, cabernet franc et merlot. On y trouve également des blancs et des rosés, les meilleurs étant ceux du Château Tour-des-Gendres, Château la Jaubertie et Château Pique Segue. Les vins rouges y sont plus légers que ceux de Bordeaux, et les blancs vifs, ont un arôme typiquement « sauvignon ». À deux pas, les vignobles des Côtes-de-Duras offrent des vins rouges et blancs, ces derniers étant d'une qualité supérieure ; le sauvignon du Domaine de Laulan, figure de proue de la région, évoque celui des bords de Loire. Non loin se trouvent également les vignobles de Monbazillac et Saussignac, grands producteurs de vins doux, Saussignac, avec un excellent rapport qualité-prix, ayant surpassé Monbazillac en finesse. Goûtez les vins du Château les Eyssards.

Cahors

Le cépage de la région est le malbec, rude, coloré et tannique, que de récents plants de merlot ont contribué à adoucir. Si vous recherchez des vins vieillis, les grands domaines répondront à vos aspirations, notamment celui du Clos Triguedina dont la cuvée prince-probus s'avère comme le plus grand vin de la région. Vous pouvez également aller faire un tour au Clos Gamot et au Château Lagrezette.

COUDOULET
2000
MONOPOLE
APPELLATION

Desserts

Seuls, nous consommons très rarement des desserts ; en revanche, recevoir famille et amis nous fournit toujours une excellente excuse pour en préparer, la plupart du temps à base de fruits. Au printemps, la rhubarbe et les premières groseilles nous donnent l'occasion de concocter de délicieuses compotes, crumbles et tartes. Pendant l'été, nous adorons les fruits rouges – fraises, cassis, groseilles – et plus tard dans la saison, les framboises, que nous servons en pudding d'été, *Eton Mess*, gelées, ou tout simplement agrémentées d'une crème épaisse. L'automne, notre verger nous fournit une véritable manne : pommes, poires, parfois aussi des coings, avec lesquels nous cuisinons des tartes, des tourtes et des compotes, des poires pochées, des pommes au four et des gelées de coing. Bien sûr, il nous arrive aussi de préparer des desserts plus consistants, comme un riz au lait, un pudding au pain et beurre, un pudding vapeur avec de la crème anglaise, ou, si l'occasion l'impose, des desserts plus sophistiqués tels qu'une crème brûlée, une île flottante ou une mousse au chocolat. Mais, là encore, il est indispensable de considérer le repas dans son ensemble et de choisir le dessert qui le complétera le mieux sans être ni lourd ni indigeste.

Mousse aux groseilles à maquereau

Élaborée avec les premières groseilles vertes et acides, réduites en compote et mélangées à une crème anglaise onctueuse, cette mousse divine est l'un des « must » du début de l'été. S'il est possible de la préparer avec d'autres fruits, la groseille incarne la quintessence même du fruit à mousse.

500 g de jeunes groseilles égrappées
50 g de beurre
3 jaunes d'œufs
50 g de sucre en poudre ou semoule
25 cl de crème

Faites cuire les groseilles et le beurre à feu doux dans une casserole en acier inoxydable ou émaillée. Secouez-la pour ne pas qu'elles attachent. Lorsqu'elles ont attendri et commencent à fondre, écrasez-les grossièrement à l'aide d'un presse-purée, ou si vous préférez une purée lisse, passez-les au moulin à légumes.

Pendant ce temps, battez les jaunes d'œufs et le sucre dans un bol. Chauffez la crème dans une petite casserole à la limite du point d'ébullition. Sans cesser de fouetter, versez la crème sur les jaunes d'œufs, puis placez le bol au-dessus d'une casserole d'eau frémissante. Tournez jusqu'à ce que la crème anglaise prenne et laissez reposer en brassant régulièrement pour éviter la formation d'une peau.

Lorsque les groseilles et la crème ont tiédi, mélangez-les, puis laissez refroidir jusqu'au moment de servir.

Vous pouvez remplacer le sucre par du sirop de fleur de sureau, ce qui donnera à votre mousse un parfum subtil, tout à fait compatible avec les groseilles.

Compote de rhubarbe

500 g de rhubarbe rose découpée en bâtonnets de 3 à 4 cm
50 g de beurre
50 g de sucre
1 morceau de gingembre frais, râpé – facultatif

Préchauffez le four à 180 °C/Th. 4. Disposez la rhubarbe dans un plat à gratin beurré et saupoudrez-la de sucre et de gingembre râpé. Faites cuire au four environ 30 min jusqu'à attendrissement tout en vous assurant que la rhubarbe reste intacte.

Ôtez le plat du four et laissez refroidir.

Crumble aux fruits

Réconfortant et délicieux, le crumble aux groseilles, à la rhubarbe ou aux pommes, est un dessert prisé. Le secret de sa réussite ? Une généreuse quantité de beurre et de sucre pour obtenir une pâte croquante et caramélisée, semblable à un biscuit.

130 g de farine sans levure
100 g de beurre – froid et râpé
50 g de sucre brun
50 g de sucre en poudre
750 g de fruits préparés

Préchauffez le four à 190 °C/Th. 4. Tamisez la farine dans un saladier, puis, très lentement, incorporez le beurre. Procédez de la même façon avec les deux sortes de sucre. La pâte obtenue doit être friable. Laissez-la reposer au réfrigérateur pendant que vous préparez les fruits. Beurrez généreusement un plat à gratin ou à tarte de 1 litre. Disposez-y les fruits – la rhubarbe ne nécessite aucune cuisson, les groseilles à maquereau et les pommes doivent être légèrement attendries.

Saupoudrez de pâte émiettée, puis passez au four de 25 à 30 min. Votre crumble doit dorer et bouillonner légèrement sur les bords.

Servez avec de la crème fraîche ou de la crème anglaise.

Gelée de fruits

Il ne s'agit pas tout à fait de la gelée typique des goûters d'enfants en Angleterre, flasque, tremblante et parsemée de vermicelles de couleur, mais d'une version pour adultes. La gelée de cassis a toujours été un dessert populaire du Bibendum, à Fulham Road, à Londres, où ils le servent avec des madeleines chaudes. Nous aimons pour notre part la gelée de rhubarbe, que nous préparons avec de jeunes tiges de rhubarbe, délicatement rosée, et servons avec une compote du même fruit. Vous pouvez également concocter ce dessert avec des framboises et des fraises en été, ou des agrumes en hiver.

500 g de rhubarbe coupée en morceaux
200 g de sucre en poudre
4 feuilles de gélatine – environ 12½ g

Mettez les morceaux de rhubarbe dans une casserole en acier inoxydable ou émaillée. Ajoutez un peu d'eau pour ne pas qu'ils attachent, puis faites-les cuire à feu très doux jusqu'à un léger frémissement. Laissez mijoter 15 min tout en brisant la rhubarbe à l'aide d'une cuillère en bois.

Posez une passoire en Nylon (ou une passoire garnie de deux couches de mousseline) au-dessus d'un saladier et placez-y la rhubarbe cuite ; laissez son jus s'écouler naturellement pendant au moins 6 h ou, de préférence toute la nuit, sans jamais appuyer.

Retirez ensuite les morceaux solides et mesurez le liquide restant. Ajoutez de l'eau pour parvenir à une quantité de 50 cl, puis transférez le jus dans une casserole. Mettez le sucre et laissez-le fondre à feu doux.

Pendant ce temps, faites tremper les feuilles de gélatine dans une eau froide. Lorsqu'elles se sont assouplies, incorporez-les au jus de rhubarbe et brassez afin de les dissoudre – attention à ne jamais faire bouillir la préparation. Retirez-la ensuite du feu, puis transférez-la dans un moule, des ramequins individuels ou des moules à dariole humidifiés. Laissez refroidir, puis placez au réfrigérateur jusqu'à ce que la gelée prenne.

Si vous plongez les moules dans l'eau chaude, votre gelée se démoulera plus facilement. Assurez-vous que le plat sur lequel vous la servez a bien été refroidi.

Eton Mess

La discussion fait rage. Ce gâteau a-t-il été inventé par le collège éponyme ? La réponse importe peu. En effet, connaître ses origines ne changera rien au fait qu'il est l'un des desserts les plus fins et les plus simples au monde.

500 g de fraises tranchées
50 g de sucre vanillé
50 cl de crème épaisse froide
meringues de 4 x 10 à 15 cm (ci-dessous) brisées en morceaux

Mettez les fraises dans un saladier en verre et saupoudrez-les de sucre vanillé.

Versez la crème dans le saladier où sera servi votre gâteau, et fouettez-la pour qu'elle épaississe légèrement.

Incorporez ensuite les meringues aux fraises – le mélange doit être légèrement marbré. Servez immédiatement.

Meringues

*Avec cette recette, vous préparerez plus de meringues qu'il n'en faut pour l'*Eton Mess, *mais elles se conserveront parfaitement si vous les enveloppez dans du papier de soie et les placez dans un moule à cake.*

6 blancs d'œufs
1 pincée de sel
1 pincée de crème de tartre
350 g de sucre en poudre

Préchauffez le four à 110 °C/Th. 1. Garnissez une grande plaque à pâtisserie d'une feuille de papier sulfurisé.

Battez les blancs d'œufs, le sel et la crème de tartre dans un grand saladier jusqu'à ce que les blancs prennent ; attention à ce qu'ils ne soient ni trop secs, ni cassants. Sans cesser de battre, saupoudrez-les de 250 g de sucre, puis continuez. Lorsqu'ils sont fermes et luisants, incorporez le sucre restant. Disposez de larges cuillerées des blancs montés en neige sur la plaque, en leur donnant la forme que vous désirez : ronde ou ovale, tout ce qui vous fera plaisir. Vous pouvez aussi ne faire qu'une seule et grande *pavlova*, meringue croustillante au cœur moelleux. Enfournez et laissez cuire 1 h.

Surveillez la cuisson ; les meringues doivent être fermes et sèches. Dans le cas contraire, poursuivez encore 30 min.

Retirez-les du four, puis transférez-les sur une grille afin de les laisser refroidir.

Compote de pommes

Ce dessert est le dessert de secours par excellence, surtout en automne, quand les vergers et les étals des fruits et primeurs regorgent de pommes. Vous pouvez les remplacer par des poires, des fruits à noyau ou des fruits séchés. Si vous avez des coings, sachez qu'ils parfument merveilleusement les pommes et les poires. Vous pouvez aussi relever le sirop de cuisson avec un zeste d'agrume, des gousses de vanille, des raisins, des bâtons de cannelle, des clous de girofle ou autres épices.

8 pommes à dessert
le jus de 1 citron
350 g de sucre en poudre ou semoule
60 cl d'eau

Épluchez et retirez le cœur des pommes, puis coupez-les en quatre et arrosez-les de jus de citron.

Pendant ce temps, mettez le sucre, l'eau et le parfum choisi dans une casserole en acier inoxydable, et faites chauffer à feu doux afin de dissoudre le sucre. Portez à ébullition. Mettez les pommes et pochez-les dans ce sirop jusqu'à attendrissement.

Selon leur variété, leur temps de cuisson diffère – certaines restent fermes et deviennent transparentes, d'autres ont tendance à se briser et à devenir farineuses – aussi est-il préférable de bien les surveiller.

Lorsqu'elles sont cuites, transférez-les avec le sirop dans un saladier, puis laissez-les refroidir.

Servez la compote à température ambiante ou froide avec de la crème.

Si vous préparez une compote avec des fruits séchés, faites-les tremper avant de les pocher dans le sirop.

Pommes au four

50 g de noix grossièrement hachées
50 g de raisins secs
50 g de cassonade
4 pommes à cuire, sans le cœur ni les pépins
le jus de 1 citron
50 g de beurre

Préchauffez le four à 200 °C/Th. 5. Mélangez les noix et les raisins avec 1 cuill. à café de cassonade, et remplissez les pommes évidées de cette préparation.

Beurrez généreusement un plat allant au four – veillez à ce qu'il soit assez grand pour accueillir toutes les pommes.

Dressez les pommes farcies sur ce plat beurré et saupoudrez-les des raisins secs, noix, sucre et jus de citron restants. Coiffez chaque pomme d'une noix de beurre, enfournez et faites cuire environ 1 h ; elles sont cuites quand la lame d'un couteau entre facilement. Arrosez souvent de jus.

Servez-les chaudes avec beaucoup de crème froide.

Tarte Tatin

Au menu de tout restaurant à la mode qui se respecte figure généralement une tarte Tatin déclinée en mille versions : à la poire, à la tomate, aux endives. Si cet esprit inventif est très louable, la tarte originale, rendue célèbre par les sœurs Tatin dans leur restaurant de Lamotte-Beuvron (un petit village au sud de la Loire), n'en demeure pas moins la meilleure. Pour la réaliser, utilisez une casserole qui aille aussi bien sur le feu qu'au four – pour notre part, nous la préparons dans une jolie poêle en cuivre.

150 g de sucre semoule
150 g de beurre
800 g de pommes épluchées, sans le cœur ni les pépins – les meilleures et les mieux adaptées sont les variétés à dessert
300 g de pâte – traditionnellement brisée, mais nous la préférons feuilletée

Faites fondre le sucre dans un plat creux de 30 cm allant au four. Lorsqu'il commence à fondre, incorporez le beurre et poursuivez la cuisson jusqu'à ce qu'il ait atteint la consistance du caramel. Retirez alors la casserole du feu.

Conservez une pomme coupée en deux, coupez les autres en quartiers. Placez une moitié de pomme au centre de votre moule, côté coupé vers le haut, puis disposez les quartiers autour en rangs relativement serrés. Faites-les ensuite cuire à feu doux, sans y toucher, jusqu'à ce qu'elles aient pris une belle couleur caramélisée et aient absorbé le beurre. Laissez-les refroidir complètement.

Préchauffez le four à 200 °C/Th. 5. Étendez votre pâte au rouleau, découpez un disque plus large que le diamètre de votre plat et enveloppez-en le dessus des pommes. Rabattez-le sur les côtés, en l'insérant dans le moule pour bien fermer l'ensemble. Faites cuire au four entre 20 et 30 min.

Laissez ensuite la tarte refroidir dans son moule, de 5 à 10 min, puis retournez-la sur un plat de service.

La tarte Tatin se sert traditionnellement tiède avec beaucoup de crème.

Pudding d'été

Très impressionnant, ce pudding considéré comme un délice rare – la saison où vous pouvez le réaliser est en effet relativement courte – déclenche chaque fois des cris d'admiration. Il est pourtant étonnamment facile à réaliser, le principal étant d'utiliser un pain blanc de bonne qualité – le pain de mie classique en tranches lui confère une consistance gluante assez désagréable. Moins authentique, la brioche est en revanche excellente.

1 petit pain blanc, sans la croûte et tranché
1 kg de fruits d'été – groseilles rouges, cassis, framboises et fraises
200 g de sucre en poudre

Tapissez le fond d'un moule à pudding de 2 litres d'un rond de pain, puis garnissez ses bords de tranches coupées pour obtenir un effet net et esthétique. Réservez quelques tranches pour le dessus.

Égrappez les groseilles rouges et les cassis, et mettez-les dans une grande casserole en acier inoxydable ou émaillée avec les framboises, les fraises – les plus grosses seront coupées en deux – et le sucre. Faites chauffer à feu doux tout en tournant délicatement jusqu'à ce que leur jus commence à s'écouler. Retirez la casserole du feu – les fruits ne doivent surtout pas être réduits en bouillie. Puis, à l'aide d'une cuillère, transférez-les dans le moule avec leur jus de façon à atteindre le bord.

Constituez un couvercle en recouvrant le pudding des tranches de pain restantes. Couvrez d'une soucoupe ou d'une assiette assez petite pour être posée directement sur le gâteau. Mettez quelques poids (boîtes de conserve ou autre), puis placez votre moule sur un plat afin de récupérer tout débordement éventuel de liquide. Laissez reposer toute la nuit au réfrigérateur.

Pour démouler ce pudding, glissez la lame d'un couteau fin tout autour et retournez-le sur un plat de service en tapotant légèrement le fond du moule.

Servez avec de belles quantités de crème épaisse.

Poires pochées

Ce dessert très simple et néanmoins superbe est particulièrement savoureux en hiver – où les poires sont alors cuites dans du vin chaud. Servez-le avec une montagne de crème épaisse, coiffé, ô délice, de ravissantes violettes cristallisées !

4 poires
½ bouteille de vin rouge robuste
½ bâton de cannelle
2 clous de girofle
1 pincée de noix muscade
1 lanière de zeste d'orange
1 cuill. à soupe de gelée de groseille
150 g de sucre brun
4 violettes cristallisées (facultatif)

Préchauffez le four à 150 °C/Th. 3.
Pelez les poires en conservant les tiges, puis mettez-les avec tous les autres ingrédients dans une casserole allant au four et ayant un couvercle. Amenez à petit frémissement, couvrez et faites cuire 2 h au four.
Si possible, laissez les poires reposer toute la nuit au frais dans la liqueur à pocher.

Disposez-les ensuite sur un plat de service ou dans un saladier, puis remettez la casserole sur le feu. Faites bouillir le liquide jusqu'à ce qu'il réduise et prenne une consistance sirupeuse. Filtrez-le ensuite sur les poires qui doivent maintenant être brillantes et rouge grenat.

Coiffez les poires d'une violette cristallisée. Si vous n'en avez pas, sachez qu'il s'agit là d'une exquise fantaisie et que les poires seront aussi délicieuses sans !

Pudding de Noël

Nous avons toujours pensé qu'il était absurde de finir un repas aussi riche que celui de Noël avec ce pudding « ultra » consistant dont ne rêve aucun des convives rassasiés. Aussi avons-nous pris l'habitude de le servir quelques jours plus tard, après un repas plus modeste. N'aimant pas les gros raisins secs, de type Malaga, nous les remplaçons par des raisins de Smyrne et de Corinthe et par des prunes, pour parvenir aux mêmes quantités. La nécessité de préparer le X'mas pudding *des semaines avant le grand jour relève d'un mythe – 24 h suffisent. Cette légende repose sur le fait qu'il est plus pratique de le cuisiner dans le calme que dans l'agitation des fêtes !*

Pour 2 grands puddings, chacun, pour 6 à 8 personnes :

225 g de raisins de Smyrne
225 g de raisins de Corinthe
115 g de prunes dénoyautées
115 g de zestes de citron, d'orange ou de pamplemousse confits – de bonne qualité
115 g d'amandes blanchies broyées
225 g de cassonade
225 g de chapelure fraîche
115 g de farine
1 cuill. à café d'épices mélangées
1 grosse pincée de noix muscade
225 g de graisse de rognon découpée en lanières, ou de beurre râpé
4 gros œufs battus
15 cl de bière brune
10 cl de brandy
cognac pour servir

Mélangez les ingrédients secs et la graisse de rognon ou le beurre dans un saladier.

Incorporez les œufs et la bière brune, puis versez-les sur ces ingrédients secs. Mélangez parfaitement (selon la tradition, chaque personne du foyer doit tourner une fois ce mélange en faisant un vœu). Laissez reposer 24 h, et ajoutez le brandy.

Étalez la préparation à l'aide d'une cuillère dans deux moules à pudding de 1½ litre beurrés et recouvrez-les d'une double épaisseur de papier sulfurisé – légèrement froissé, afin de permettre au gâteau de monter. Refermez à l'aide d'une ficelle.

Portez deux grandes casseroles d'eau à forte ébullition (elles doivent être à moitié remplies), déposez les moules, couvrez et laissez cuire 5 h à la vapeur. Vérifiez régulièrement le niveau d'eau. Si besoin est, rajoutez de l'eau bouillante. Sortez ensuite les moules, laissez refroidir, puis reposer au frais.

Le jour du réveillon, changez le papier sulfurisé et faites de nouveau cuire votre *Christmas pudding* à la vapeur de 2 h à 3 h.

Pour servir, disposez-le sur un plat de service tiède. Faites chauffer une mesure de cognac, éteignez les lumières et demandez le silence parmi les convives. Nappez le pudding de cognac et flambez-le. Effet spectaculaire garanti !

La tradition veut que l'on accompagne le Christmas pudding *d'un beurre au brandy, mais nous le préférons avec de la crème fraîche.*

Pudding vapeur au gingembre

Souvenir des repas d'école en Angleterre, les puddings cuits à la vapeur déclenchent presque toujours des commentaires désobligeants, probablement à cause de leur association avec une crème anglaise grumeleuse. Léger, ce pudding n'en demeure pas moins un véritable régal les jours d'hiver. Si une pincée de gingembre en poudre le relève très agréablement, n'hésitez pas à le remplacer par du gingembre confit pour une version plus raffinée.

2 cl de sirop de gingembre confit
100 g de beurre
100 g de sucre en poudre
2 œufs battus
125 g de gingembre confit, coupé en petits dés
125 g de farine à gâteau
1 pincée de gingembre en poudre
15 cl de lait

Versez le sirop de gingembre dans un moule à gâteau de 2 litres beurré que vous tournerez afin de bien napper le fond et les bords. Placez un trépied dans une casserole. Remplissez-la à moitié d'eau et portez à forte ébullition.

Entre-temps, mélangez le beurre et le sucre jusqu'à l'obtention d'une préparation légère et mousseuse, puis incorporez les œufs et le gingembre confit.

Ajoutez la farine et le gingembre en poudre, tout en allongeant la préparation avec le lait froid. Versez-la dans le moule à pudding, recouvrez celui-ci d'une double épaisseur de papier sulfurisé beurré et placez-le dans la casserole.

Après 10 min, réduisez le feu. Portez à un léger frémissement, puis faites cuire 2 h en vérifiant régulièrement le niveau d'eau ; s'il baisse, remettez de l'eau chaude.

Quand le pudding est cuit, retournez-le sur un plat de service.

Ce pudding est délicieux avec une crème épaisse et froide, mais certains le préfèrent tout simplement avec une crème anglaise.

Crème caramel

125 g de sucre en poudre
50 cl de lait crémeux
25 g de sucre vanillé
4 œufs

Préchauffez le four à 160 °C/Th. 3. Si vous êtes patient, mettez le sucre en poudre dans une casserole à fond épais et laissez-le se dissoudre à feu moyen, puis augmentez le feu et poursuivez la cuisson jusqu'à obtention du caramel désiré. Sinon, dissolvez le sucre dans 10 cl d'eau et faites-le bouillir jusqu'à sa caramélisation.

Versez rapidement le caramel dans un plat allant au four – un plat à soufflé de 1 litre est parfait.

Faites chauffer le lait avec le sucre vanillé dans une petite casserole, à la limite du point d'ébullition, puis battez les œufs dans un bol et versez le lait par-dessus en fouettant vigoureusement. Passez le tout au chinois sur le caramel. Posez le plat sur un plat à rôtir à demi rempli d'eau bouillante et faites-le cuire environ 1 h au four; après quoi, la crème anglaise doit être prise.

Sortez le plat du four. Quand la crème a refroidi, mettez-la au réfrigérateur et laissez-la reposer au moins 12 h.

Au moment de servir, retournez-la sur un plat de service. Un superbe sirop caramélisé s'écoulera alors sur votre crème.

Riz au lait

Un autre classique de l'enfance. Pour le réaliser, vous pouvez utiliser un riz à « pudding » mais nous pensons qu'un riz à risotto à grains courts, comme le vialone nano ou l'arborio, lui confère une saveur plus subtile qui le sauve d'une fadeur quasi inévitable. Vous pouvez également le relever d'un zeste d'orange ou de citron, ou d'épices comme la cannelle ou la noix muscade. L'un des grands plaisirs liés à sa préparation demeure la chasse aux petits morceaux restés collés sur les bords du plat. Cette phase hautement prisée déclenche chaque fois dans notre foyer une véritable bataille rangée.

50 g de riz à grains courts
55 cl de lait crémeux
30 g de sucre
1 cuill. à soupe de beurre

Préchauffez le four à 180 °C/Th. 4. Mettez le riz, le lait et le sucre dans une casserole et laissez mijoter 5 min à feu doux.

Beurrez généreusement un plat creux allant au four. Versez le riz au lait et étalez le beurre sur sa surface. Enfournez 1 h, en brassant après 20 min de cuisson. Lorsqu'il est cuit, le riz doit être doré en surface, onctueux à l'intérieur.

Servez-le tiède ou chaud avec de la crème froide et pourquoi pas, de la confiture de prunes de Damas.

Îles flottantes

30 cl de lait
20 cl de crème
1 gousse de vanille coupée dans le sens de la longueur
6 œufs, blancs et jaunes séparés
200 g de sucre vanillé
200 g de sucre en poudre

Pour le caramel :
4 cuill. à soupe de sucre en poudre

Préchauffez le four à 140 °C/Th. 3. Portez le lait et la crème à ébullition avec la gousse de vanille, puis retirez la casserole du feu.

Pendant ce temps, battez les jaunes d'œufs avec le sucre vanillé dans un grand saladier, puis versez le lait et la crème par-dessus après avoir pris soin de retirer la gousse de vanille (si vous aimez que votre crème anglaise soit piquetée de grains noirs, raclez la gousse à l'aide de la pointe d'un couteau).

Placez le saladier au-dessus d'une casserole d'eau frémissante et tournez jusqu'à ce que la préparation épaississe et prenne la consistance d'une crème anglaise.

Transférez alors la crème dans un grand plat de service. Laissez refroidir, couvrez d'un film étirable, puis mettez au réfrigérateur.

Battez les blancs d'œufs dans un autre saladier. Lorsqu'ils sont mousseux, incorporez le sucre, par petites quantités, afin d'obtenir une neige ferme et luisante. Placez-les ensuite dans un grand bol résistant à la chaleur et recouvrez-les d'une feuille de papier de silicone. Posez ce bol dans un plat à rôtir rempli d'eau bouillante. Enfournez-le 45 min jusqu'à ce que la meringue ait pris.

Sortez la meringue du four et laissez-la reposer ; la préparation va légèrement retomber.

Lorsque la crème anglaise a refroidi, retirez délicatement le film étirable et déposez 1 cuill. à soupe de meringue froide par-dessus. Répétez l'opération avec le reste de la meringue.

Pour préparer le caramel, chauffez le sucre en poudre dans une casserole jusqu'à ce qu'il caramélise, puis nappez-en généreusement votre meringue « flottante ».

Une délicieuse alternative au caramel est le pralin (page 227), dont vous pouvez saupoudrer généreusement la meringue avant de servir.

Crème brûlée

Nous la préparons dans un grand plat à gratin creux – pour obtenir le parfait équilibre entre onctuosité et croquant. Utilisez du sucre vanillé ou un sucre normal, en ajoutant quelques gouttes d'essence de vanille à la crème. Nous n'aimons pas particulièrement conserver les graines de vanille, car elles glissent vers le fond et ressemblent à s'y méprendre à des cendres de cigarette ! Notre expérience nous a prouvé qu'aucun gril n'était jamais assez chaud pour caraméliser le sucre sans cuire la crème brûlée quelques minutes de trop, ce qui lui donne une consistance décevante. Pour y remédier, achetez un petit chalumeau – bon marché, ils sont en vente presque partout et sont très amusants à utiliser. Chez nous, chacun se bat pour participer à cette phase finale qui fait de la crème brûlée l'un de nos desserts favoris.

50 cl de crème
6 jaunes d'œufs
50 g de sucre vanillé
sucre en poudre

Préchauffez le four à 140 °C/Th. 3. Mettez la crème dans une casserole non adhésive et faites-la chauffer à feu doux ; elle doit seulement frémir.

Battez les jaunes d'œufs et le sucre vanillé dans un grand saladier jusqu'à l'obtention d'un mélange homogène, puis faites couler la crème chaude par-dessus en fouettant vigoureusement. Passez ensuite le tout au tamis fin dans un plat à gratin creux, puis placez celui-ci dans un plat à rôtir rempli d'eau bouillante. Faites cuire au four environ 45 min.

Sortez le plat, laissez refroidir.

Environ 1 h avant de servir, saupoudrez la crème d'une fine couche de sucre en poudre et caramélisez-la au chalumeau. Pour un résultat parfait, la surface doit être dorée à souhait et croustillante.

Pudding au pain et au beurre

Cet autre grand classique de l'enfance demeure un dessert apprécié des adultes, notamment grâce à l'introduction de nouveaux pains – la brioche et le panettone sont délicieux –, de la marmelade, du chocolat et autres ingrédients exotiques pour remplacer les traditionnels raisins. Nous vous proposons ici la recette de base que vous pouvez modifier à loisir.

60 g de beurre
50 g de raisins de Corinthe
4 tranches de bon pain blanc, sans la croûte, généreusement beurré
50 cl de lait entier
50 g de sucre vanillé
2 gros œufs
1 pincée de noix muscade

Beurrez généreusement l'intérieur d'un plat à gratin allant au four et parsemez de quelques raisins secs. Coupez le pain en triangles, en carrés, en ronds – ou tout ce que vous voudrez – puis disposez les morceaux dans le plat en les faisant se chevaucher et en les parsemant de raisins. Chauffez ensuite le lait dans une petite casserole, mélangez délicatement le sucre et les œufs dans un saladier, puis versez le lait chaud par-dessus en tournant afin d'obtenir un mélange homogène. Passez cette préparation au chinois sur le pain. Saupoudrez d'une pincée de noix muscade et laissez reposer environ 30 min.

Pendant ce temps, préchauffez le four à 180 °C/Th. 4.

Mettez le pudding au four 45 min jusqu'à ce qu'il gonfle, la crème doit alors avoir pris et doré.

Servez avec de la crème liquide froide.

Pralines

huile
200 g d'amandes blanchies
200 g de sucre en poudre

Préchauffez le four. Huilez une plaque de marbre ou garnissez une plaque à pâtisserie de papier sulfurisé. Faites griller les amandes jusqu'à ce qu'elles dorent mais sans les faire brûler.

Mettez le sucre dans une casserole à fond épais, faites-le fondre à feu doux. Augmentez le feu et poursuivez la cuisson jusqu'à sa caramélisation. Ajoutez les amandes, mélangez rapidement. Transférez ensuite la préparation aux pralines sur le marbre huilé ou le papier sulfurisé et laissez refroidir complètement.

Vous obtiendrez du pralin en cassant les pralines avec un mortier ou un mixeur, ou bien en les enveloppant dans un linge et en les broyant à l'aide d'un rouleau à pâtisserie.

Les pralines se conservent dans un sac en polyéthylène placé dans le congélateur.

Crème glacée à la vanille

Cette glace, qui fait le plaisir de tous, se marie avec tout.

30 cl de lait
20 cl de crème épaisse
1 gousse de vanille, coupée dans le sens de la longueur
6 jaunes d'œufs
200 g de sucre vanillé

Portez le lait et la crème à ébullition avec la gousse de vanille, puis retirez du feu.

Pendant ce temps, battez les jaunes d'œufs avec le sucre vanillé dans un grand saladier résistant à la chaleur, et versez le lait et la crème par-dessus après avoir retiré la gousse de vanille (si vous aimez les crèmes piquetées de grains noirs, raclez la gousse à l'aide de la pointe d'un couteau). Placez le saladier au-dessus d'une casserole d'eau frémissante et tournez jusqu'à ce que la préparation épaississe et prenne la consistance d'une crème. Versez-la dans un plat allant au congélateur et laissez-la refroidir.

Mettez alors le plat dans votre congélateur. Attendez que des cristaux de glace se forment sur les bords ; comptez environ 30 min, ce laps de temps dépendant évidemment de la température de votre congélateur.

À l'aide d'une fourchette, brisez ces cristaux et mélangez-les à la préparation. Renouvelez l'opération toutes les 20 min jusqu'à ce que la glace ait entièrement pris. Couvrez et maintenez au congélateur jusqu'au moment de servir.

Mousse au chocolat

Pour réussir ce dessert simplissime, gorgé de chocolat, utilisez tout simplement un chocolat et des œufs de qualité.

Par personne :

25 g de chocolat noir (70 % de cacao)
10 g de beurre
1 œuf, blanc et jaune séparés

Cassez le chocolat et mettez-le avec le beurre dans un grand saladier ; faites-le fondre au bain-marie sans tourner, en veillant à ce que l'eau ne bouille pas.

Quand la préparation a fondu, retirez le saladier du feu, puis laissez refroidir légèrement et ajoutez les jaunes d'œufs. Vous pouvez alors mélanger.

Montez les blancs en neige ferme dans un grand saladier très propre. Incorporez-en 1 cuill. à soupe dans le chocolat pour l'allonger légèrement, puis poursuivez avec le reste des blancs en soulevant toujours la masse de bas en haut, avec délicatesse.

Versez la mousse dans un plat de service ou un saladier, couvrez de film étirable et placez-la au réfrigérateur. Elle sera encore meilleure le lendemain.

Pour un résultat encore plus diabolique, versez un peu d'alcool dans le chocolat fondu !

Fromage

Le fromage peut être considéré comme un élément superflu du repas, servi alors que chacun a le sentiment d'être rassasié, et qui serait peut-être mieux adapté à un plat principal. Leurs variétés sont si nombreuses qu'une seule personne pourrait en goûter un différent chaque jour pendant des années, sans en épuiser la liste. Dans son ouvrage majeur, *Le Livre des fromages français,* Patrick Rance en a dénombré pas moins de 750.

Privilégiez sans hésiter les fromages fermiers ; nous parlons de ceux préparés en petites quantités par les artisans, délicieusement vieillis et à la qualité constante. Un fromager ne vend que les produits dont il est sûr et dont il connaît le producteur et le fournisseur. Ces fromages sont généralement saisonniers : ainsi, le brie est meilleur au printemps, le saint-marcellin, en été, et le vacherin, en hiver. En revanche, le parmesan et le pecorino italiens, le manchego espagnol, ainsi que la plupart des fromages anglais se consomment toute l'année.

Fabriqués avec soin, les fromages fermiers sont souvent plus chers que les versions préemballées, mais leur goût est incomparable. Les fromages français comptent parmi les meilleurs au monde, et les camemberts, bries et vacherins au lait cru non pasteurisé sont d'une qualité infiniment supérieure à celle de leurs « homologues » fabriqués en série.

Les fromages se conservant mal, il est préférable d'acheter uniquement de quoi satisfaire ses besoins immédiats. Si vous devez les stocker, comme c'est le cas par exemple pour un parmesan, enveloppez-les dans un papier sulfurisé humide et gardez-les au frais mais pas au froid (évitez donc le réfrigérateur).

Pour l'apprécier pleinement, servez le fromage avec du pain, des biscuits, des fruits séchés et des noix ou tout simplement un verre de vin, trois ou quatre variétés de fromage suffisant à garnir un plateau (davantage, le choix deviendrait impossible). Veillez à diversifier les genres en associant, par exemple, un fromage à pâte pressée, un fromage à pâte molle, un bleu et un fromage de chèvre frais, l'idéal étant d'y joindre un parmesan ou un manchego vieilli, accompagné, ô merveille des merveilles, d'une pâte de coings ou membrillo.

Parmi nos préférés, nous pouvons citer le parmesan, le cheddar, le lancashire, le swaledale, le cheshire, le wensleydale, le roquefort, l'oxford blue, l'emmenthal, le gruyère, le provolone, le fontina, le munster, le port salut, le reblochon, le livarot, le vacherin Mont d'Or, l'époisses, le brie, le camembert, le gorgonzola, le saint-marcellin, le pecorino, le cabécou, la feta… et des dizaines d'autres encore !

PETIT REBLOCHON J. GENANS
AU LAIT CRU
EMB. EDELMONT

En-cas

Existe-t-il un plaisir plus exquis qu'un sandwich aux crevettes, au concombre, aux œufs et au cresson ? Ou une pâte de truffe étalée sur un petit pain ? Un jambon beurre, pression, dégusté sur le zinc d'un bistrot ? Tout le monde aime les sandwichs. Selon la rumeur, même les maîtres de l'univers qui volent régulièrement sur Concorde les préféreraient aux plats raffinés (et souvent outrageusement ambitieux) offerts par la compagnie. Alors que nous voyagions sur un vol intérieur de la Lufthansa, nous avons reçu pour notre part le rafraîchissement idéal : un petit pain bis avec une délicieuse saucisse, de la moutarde, et une bouteille de bière – un pur régal.

Lorsque vous préparez un sandwich, rappelez-vous avant tout qu'il doit correspondre à l'occasion. Ainsi, des tartines et un sandwich aux pommes frites ne sauraient en aucun cas convenir à un thé raffiné, tout comme de minuscules amuse-gueules seraient totalement déplacés dans la cantine d'un travailleur.

Le pain tient également un rôle essentiel – préférez un pain blanc avec du concombre, un pain bis avec du saumon fumé, de la baguette avec du jambon et du pain de seigle avec du bœuf salé, avec ou sans la croûte. Mais quel que soit le choix du pain, une règle est essentielle : garnissez-le généreusement ! Rien n'est pire, en effet, qu'un minuscule monticule perdu entre deux tranches de pain et, comme le disait Oscar Wilde : « Si je commande un sandwich au cresson, je ne parle pas d'un morceau de pain avec trois brins d'herbe au milieu. »

Délicieux, un sandwich au bœuf perdra lui aussi rapidement de son attrait si vous devez lutter avec d'énormes morceaux de viande – pour éviter ce désastre, découpez-le en portions délicates.

Dernier conseil, enfin : associez toujours une garniture « glissante » à un ingrédient plus solide qui aidera à la maintenir. Pour exemple, un Sandwich Club, grand classique des bars d'hôtels, risque d'achever sa vie sur vos genoux s'il est mal préparé, vous laissant le souvenir impérissable d'une terrifiante tache de tomate mayonnaise !

Scones

225 g de farine à gâteau
1 cuill. à café de bicarbonate de soude
1 cuill. à café de sel
50 g de beurre
15 cl de babeurre
1 œuf battu

Préchauffez le four à 200 °C/Th. 5 et faites chauffer la plaque à pâtisserie. Tamisez la farine avec le bicarbonate de soude et le sel, incorporez le beurre, rapidement et délicatement, puis le babeurre à l'aide d'une spatule. Moins vous travaillerez la pâte, plus vos scones seront légers. Transférez cette pâte sur une planche à pâtisserie farinée et étalez-la sur une épaisseur de 3 mm environ – vous pouvez utiliser un rouleau à pâtisserie mais la paume sera tout aussi efficace. Découpez ensuite cette pâte en disques de 5½ cm. Roulez-les. Si vous préférez, découpez la pâte en triangles, en carrés, ou tout ce qui vous fera plaisir.

Retirez la plaque à pâtisserie du four et disposez les scones par-dessus, en rangs serrés (s'ils se touchent, ils lèveront mieux). Badigeonnez-les d'un petit œuf battu, puis enfournez-les de 10 à 12 min, le temps qu'ils montent et dorent.

Laissez les scones refroidir sur une grille en essayant de résister à la tentation de les dévorer. Attendez au moins qu'ils tiédissent, trop chauds, ils vous brûleraient les lèvres !

Biscuits à l'avoine

Grâce à cette recette, vous obtiendrez des biscuits fins et croustillants. Si vous les préférez plus épais et plus tendres, faites-les cuire dans un plat de plus petite dimension.

125 g de beurre
125 g de cassonade
250 g de sirop de sucre roux
1 filet de jus de citron
250 g de gros flocons d'avoine

Préchauffez le four à 160 °C/Th. 3. Faites fondre le beurre, la cassonade et le sirop de sucre roux dans une grande casserole. Lorsqu'ils sont bien mélangés, incorporez le jus de citron et les flocons d'avoine en tournant vigoureusement.

Versez cette préparation dans un plat creux allant au four, de 20 x 30 cm, en appuyant dans les coins et en nivelant la surface. Enfournez de 30 à 40 min, jusqu'à ce que la surface dore.

Sortez alors le plat du four et laissez reposer 10 min, puis, à l'aide d'un couteau aiguisé, découpez vos biscuits en carrés, en rectangles ou tout ce que vous voudrez. Laissez-les dans leur moule le temps qu'ils refroidissent. Ils se sépareront alors plus facilement.

Gâteau à la banane

2 bananes mûres
1 œuf
170 g de farine à gâteau
½ cuill. à café de sel
1 pincée de noix muscade
1 pincée de cannelle en poudre
50 g de noix pilées
100 g de sucre vanillé
25 g de beurre fondu

Préchauffez le four à 180 °C/Th. 4. Écrasez les bananes avec l'œuf dans un saladier creux. Tamisez la farine, le sel, la noix muscade et la cannelle dans un autre saladier. Incorporez les noix et le sucre vanillé, puis versez la préparation à la banane dans le saladier contenant la farine avec le beurre fondu. Mélangez. Transférez dans un moule à pain graissé et garni (20 x 10 x 6 cm) et enfournez 1 h.

Attendez 5 min, puis démoulez votre gâteau sur une grille où vous le laisserez reposer jusqu'à refroidissement complet.

Ce gâteau à la banane se conserve jusqu'à 1 semaine si vous l'enveloppez dans du film étirable ou du papier d'aluminium, et le placez dans une boîte hermétique.

Gâteau au citron

125 g de beurre
175 g de sucre en poudre
½ cuill. à café de sel
le zeste râpé de 2 citrons
2 œufs battus
175 g de farine à gâteau

Pour le sirop :
le jus de 2 citrons
75 g de sucre glace

Préchauffez le four à 180 °C/Th. 4. Travaillez le beurre et le sucre dans un grand saladier. Ajoutez le sel et le zeste de citron, puis les œufs battus, par petites quantités, en fouettant vigoureusement afin d'obtenir une préparation légère et mousseuse ; si elle tourne, incorporez rapidement 1 cuill. à soupe de farine.

Tamisez la farine sur cette préparation, mélangez. Versez la pâte obtenue dans un moule à cake graissé et garni de 20 cm, et faites-la cuire 45 min au four jusqu'à ce qu'elle prenne une belle couleur dorée.

Entre-temps, préparez le sirop en faisant chauffer doucement dans une petite casserole le jus de citron avec le sucre glace.

Quand le gâteau est cuit, laissez-le dans son moule puis, à l'aide d'un cure-dent ou d'une fine brochette, pratiquez plusieurs trous sur sa surface. Versez le sirop chaud par-dessus. Ne soyez pas impressionné par la quantité de sirop, le gâteau l'absorbera entièrement. Laissez-le ensuite refroidir complètement, puis démoulez.

Ce gâteau se conserve des semaines dans une boîte hermétique.

Pain bis

Cette recette est l'une de nos préférées. Non seulement il est impossible de la rater, mais la gratification est immédiate – 30 min suffisent en effet pour obtenir un pain succulent, ce qui est irréalisable avec un pain au levain (sur levure).

350 g de farine complète à l'ancienne
220 g de farine blanche
1 cuill. à café de sel
1 cuill. à café de bicarbonate de soude
20 g de beurre
30 cl de babeurre

Préchauffez le four à 230 °C/Th. 6. Faites chauffer la plaque à pâtisserie du four. Tamisez les deux farines, le sel et le bicarbonate de soude dans un grand saladier et mélangez-les bien. Incorporez ensuite le beurre puis, avec une spatule, le babeurre. Vous obtiendrez ainsi une pâte molle et non collante.

Farinez une planche, déposez la pâte par-dessus et pétrissez-la délicatement. Étalez-la en cercle, dessinez une croix sur sa surface. Placez ensuite la pâte sur la plaque chaude et faites-la cuire 10 min au four. Réduisez la température à 200 °C/Th. 5, poursuivez la cuisson 15 min. Pour vérifier sa cuisson, tapotez la base du pain avec le doigt. Lorsqu'il est cuit, le son qu'il produit doit être creux.

Réservez le pain et laissez-le refroidir. Il est aussi délicieux chaud et beurré, bien qu'il tende à être friable lorsqu'il est très frais.

Enveloppé dans un papier sulfurisé, il se garde 4 ou 5 jours au frais.

Quand vous préparez la pâte de votre pain bis, utilisez une spatule pour mélanger les farines, le sel et le bicarbonate de soude tamisés au beurre et au babeurre. Une fois la pâte formée, déposez-la sur une planche farinée et pétrissez-la délicatement. Donnez-lui la forme d'un rond aplati, puis pratiquez une incision en forme de croix sur sa surface.

Écorces d'agrume confites

Une petite douceur à grignoter après le dîner, pour remplacer le traditionnel chocolat ! Préparez-la avec n'importe quel agrume, avec une préférence pour le pamplemousse : s'il n'est pas forcément le meilleur, sa transparence le rend irrésistible, et sera d'autant plus esthétique que vous utiliserez ses différentes variétés, jaune et rosée.

4 oranges ou pamplemousses,
ou un mélange des deux
500 g de sucre
sucre en poudre – pour napper

Coupez les fruits en deux, ôtez le zeste en le gardant aussi intact que possible, puis découpez-le en lanières de 5 mm de large. Mettez-les dans une casserole, recouvrez-les d'eau froide. Portez à ébullition et faites cuire 15 min. Égouttez les zestes cuits dans une passoire, puis jetez l'eau.

Remettez les zestes dans une casserole et couvrez-les à nouveau d'eau froide. Portez à ébullition, laissez cuire 20 min jusqu'à attendrissement.

Entre-temps, mettez le sucre et 25 cl d'eau dans une casserole, faites chauffer doucement pour dissoudre le sucre, puis portez à ébullition et retirez du feu.

Égouttez à nouveau les zestes, jetez l'eau, et plongez-les dans la casserole de sirop. Faites cuire à léger frémissement, non couvert, pendant 1 h à 1½ h – il doit rester très peu de sirop et celui-ci doit être terriblement collant.

Garnissez un plateau de papier de silicone. À l'aide de pinces, retirez les zestes de la casserole, disposez-les sur le plateau et laissez-les sécher plusieurs jours dans un endroit frais et aéré. Mettez quelques cuillerées à soupe de sucre dans un grand sac de polyéthylène, ajoutez les zestes et secouez vigoureusement pour les napper de sucre. Ces écorces se conserveront plusieurs jours dans une boîte étanche – si vous ne les dévorez pas avant !

Marmelade

Pour environ six bocaux :
6 oranges de Séville
3 citrons
2 kg de sucre

Nettoyez les fruits dans l'eau chaude avec un pinceau rigide ou une brosse à ongles.

Placez un carré de mousseline dans un moule pour récupérer les pépins et les peaux blanches. Coupez oranges et citrons en deux, puis pressez-les au-dessus du moule. Tranchez les fruits – en tranches épaisses si vous aimez la marmelade avec des morceaux, ou plus finement. Mettez les fruits, leur jus (sans les pépins ni les peaux) et 2½ litres d'eau dans un grand saladier. Liez la mousseline avec les pépins, et plongez-la 24 h dans le saladier. Transférez ensuite le contenu de ce saladier dans une grande casserole ou une bassine à confiture – pas en aluminium ! – et laissez mijoter de 2 h à 2½ h. Entre-temps, faites doucement chauffer le sucre dans le four.

Quand le fruit et l'eau ont réduit de moitié et que le zeste a attendri, incorporez le sucre chaud pour le dissoudre, puis portez 10 min à ébullition, ou jusqu'à ce que votre thermomètre à sucre indique « confiture » (105 °C).

Laissez la marmelade refroidir 20 min dans la casserole – cela empêchera le zeste de remonter à la surface des bocaux. Versez-la ensuite dans des bocaux chauds, stérilisés et scellez-les immédiatement.

Gelée de groseille

Elle enrichit les sauces et les bouillons, surtout les plats de gibier. Pour la réaliser, vous aurez besoin d'un pot gradué et d'une passoire ; préparez-les avant de commencer.

2 kg de groseilles égrappées
sucre

Mettez les groseilles dans une casserole en acier inoxydable ou émaillée et faites-les cuire à feu doux jusqu'à ce que leur jus commence à s'écouler. Augmentez le feu et laissez mijoter de 30 à 40 min en les écrasant parfois, délicatement, avec le dos d'une cuillère en bois. Transférez-les avec leur jus dans une passoire et laissez-les reposer, si possible toute la nuit, afin que le jus s'écoule naturellement. N'accélérez pas l'opération ! Le lendemain, faites doucement chauffer des bocaux en verre au four.

Mesurez le jus de groseille. Mettez 500 g de sucre par 50 cl de liquide, puis faites chauffer le sucre au four et le jus, à feu doux, dans une grande casserole en acier inoxydable ou émaillée. Versez le sucre tiédi dans le jus et portez à ébullition 1 min. Écumez la mousse qui se forme à la surface, puis transférez la gelée dans les bocaux tièdes – aussi vite que possible.

Scellez ces bocaux, laissez-les refroidir et étiquetez-les. Vous serez sans doute persuadé de ne pas oublier leur contenu mais, si vous êtes comme nous, choisissez la prudence !

1750
1500
1250
1000
750
500

Bouillon de légumes

1 kg de légumes – oignons, carottes, céleri et poireaux hachés
1½ litre d'eau
1 branche de persil
1 branche de thym
1 branche de livèche
1 feuille de laurier
sel et poivre

Préchauffez le four à 220 °C/Th. 6.
Faites cuire les légumes au four dans un plat à rôtir environ 15 min. Transférez-les ensuite dans une cocotte avec l'eau, les herbes, le sel et le poivre, puis couvrez et laissez mijoter 2 h en appuyant de temps en temps sur les légumes. Filtrez le bouillon dans un récipient, laissez-le refroidir, puis mettez-le au réfrigérateur.

Ce bouillon se garde de 5 à 7 jours à couvert, au réfrigérateur.

Bouillon de bœuf

500 g de jarret de bœuf haché fin
500 g d'os de jarret coupés fin par votre boucher
1 oignon coupé en deux
1 carotte hachée
1 branche de céleri hachée
1½ litre d'eau
1 branche de persil
1 branche de thym
1 branche de livèche
1 feuille de laurier
1 cuill. à café de sel
quelques grains de poivre noir

Préchauffez le four à 220 °C/Th. 6.
Mettez le jarret de bœuf, les os, l'oignon, la carotte et le céleri dans un plat à rôtir et faites-les dorer au four de 15 à 20 min. Transférez-les dans une grande cocotte.

Déglacez le plat à rôtir avec de l'eau, puis versez celle-ci sur le bœuf et les légumes. Ajoutez l'eau restante, les herbes, le sel et les grains de poivre. Portez à petit frémissement, écumez la surface et laissez mijoter 2 h à couvert.

Filtrez le bouillon dans un récipient, laissez-le refroidir, puis gardez-le au frais.

Dégraissez la surface du bouillon avant utilisation.

Ce bouillon se garde de 5 à 7 jours couvert, au réfrigérateur.

Bouillon de volaille

De nombreuses recettes de ce livre nécessitent l'utilisation d'un bouillon de volaille. Un bouillon bien fait se gélifie mais retrouve son état liquide sur le feu.

1 kg d'ailes de poulet hachées
1 oignon coupé en deux
1 carotte hachée
1 poireau haché
25 g de cèpes séchés, trempés dans une tasse d'eau chaude
1 branche de thym
1 feuille de laurier
5 cl de vin blanc
sel et poivre

Préchauffez le four à 200 °C/Th. 5. Mettez les ailes de poulet dans un plat à rôtir avec l'oignon, la carotte et le poireau, et enfournez de 8 à 10 min, jusqu'à ce que le poulet et l'oignon colorent. Lorsqu'ils ont légèrement bruni, mettez-les dans une cocotte avec les cèpes séchés et leur jus de trempage, le thym et la feuille de laurier.

Réduisez la température du four à 150 °C/Th. 3. Déglacez le plat à rôtir avec le vin blanc. Versez-le dans la cocotte. Ajoutez assez d'eau – environ 50 cl – pour que les ailes de poulet soient légèrement recouvertes et faites cuire à petit frémissement. Couvrez, et laissez mijoter à feu doux, ou enfournez 40 min.

Filtrez le bouillon dans un récipient en pressant sur les ailes et les légumes, et laissez refroidir. Salez et poivrez.

Ce bouillon se garde 1 semaine au réfrigérateur, à condition de le faire bouillir tous les 2 jours.

Si vous préférez un bouillon clarifié, ajoutez du blanc de poulet haché et 1 blanc d'œuf par 50 cl de bouillon et amenez à un léger frémissement en fouettant délicatement. Juste avant l'ébullition, réglez le feu et laissez mijoter 30 min. Une croûte de blanc d'œuf enfermant toutes les impuretés se formera à la surface. Retirez-la avec une écumoire et découvrez le bouillon clarifié.

Filtrez le bouillon à travers un tamis garni de mousseline pour récupérer le blanc d'œuf restant. Laissez refroidir et mettez le bouillon au réfrigérateur.

Essentiels du garde-manger

À la campagne, notre garde-manger est une véritable pièce dans laquelle nous pouvons stocker d'importantes quantités de provisions. À Londres, il se limite en revanche à un placard avec trois étagères. Nous essayons toutefois d'y conserver les mêmes « bases », bien que celles-ci soient moins utiles en ville où les épiceries et les supermarchés se trouvent à chaque coin de rue. Voici une liste de celles que nous estimons indispensables.

Bocaux – olives, poivrons, artichauts, tahini, pâte de curry

Boissons – thé, café, chocolat chaud

Bouillon Kub – volaille, bœuf, végétal

Chocolat – 70 % de cacao

Conserves – thon, anchois, palourdes, œufs de cabillaud fumés, tomates, passata, lait de coco, soupe à la tomate, olives, pois chiches

Épices – cumin, cardamome, cannelle, coriandre, noix muscade, macis, baies de genièvre, clous de girofle, quatre-épices, épices mélangées, grains de poivre noir et blanc

Farine – de blé blanche, à gâteau, levure déshydratée, bicarbonate de soude

Fruits séchés – raisins de Smyrne, groseilles, abricots, prunes, cèpes, morilles, châtaignes

Haricots – haricots blancs, pois cassés, lentilles

Huile – olive, pépins de raisins, noix

Moutarde – anglaise, française, pickles, chutney, raifort, wasabi

Noix – noix, amandes entières et pilées, noisettes, pignons

Orge perlé

Pâtes – lasagne, spaghetti, nouilles

Pâtes à tartiner – marmelade, confiture d'abricots, marmite

Riz – risotto, basmati, long grain, grain rond

Sauces – essence d'anchois, sauce de poisson, ketchup à la tomate, ketchup aux champignons, sauce Worcestershire, tabasco, sauce au soja

Sel – de Guérande

Sucre – cassonade, en poudre, cristallisé, glace, sirop de sucre roux, mélasse, miel

Vinaigre – vin rouge, vin blanc, cidre, cerise, alcool

Les nounours
au chocolat
HEINZ
TOMATO KETCHUP
Alpen
MAGRET DE CANARD

Équipement nécessaire

Après la guerre, il était impossible de trouver de bons ustensiles de cuisine – ils étaient tous de mauvaise qualité, fragiles, et aucune poêle en fonte n'était en vue ! Puis vint la grande révolution d'Élizabeth David et chacun comprit qu'il était nécessaire, pour bien cuisiner, de posséder le matériel adéquat.

Cinquante ans ont passé, et la situation actuelle, aux antipodes de celle qui marqua ces heures sombres, est, d'une certaine manière, aussi préoccupante. Tous les magasins d'ustensiles de cuisine et d'électroménager regorgent d'articles indispensables (ou pas), qui sont tous aussitôt disponibles. À tel point que de nombreux placards de cuisine ressemblent aujourd'hui aux casiers à bagages des avions – prêts à éclater et ne présentant certes qu'un faible danger pour la vie, mais une menace terrible pour la raison !

Si vous ne voulez pas devenir fou, simplifiez-vous l'existence : sélectionnez uniquement les éléments dont vous avez besoin au quotidien et ne les laissez pas envahir votre espace.

Nos ustensiles quotidiens sont :

- une véritable planche à découper épaisse, en bois
- deux bons couteaux aiguisés – un petit et un grand
- un aiguisoir
- des cuillères et des spatules en bois
- quatre casseroles à fond épais de tailles variées, dont une contenant au moins 10 litres
- deux marmites en fonte, une moyenne et une grande
- une grande sauteuse
- une poêle
- une casserole à lait non adhésive
- deux plats à rôtir émaillés
- une grande passoire
- un moulin à légumes avec deux grilles, une moyenne et une fine
- une râpe à fromage à quatre faces
- un chinois
- un fouet à œufs
- un pilon et un mortier
- une louche
- une écumoire
- une cuillère encochée
- un rouleau à pâtisserie
- un moulin à poivre et un pot de sel marin
- deux balances avec des poids
- une myriade de torchons

Bien sûr, comme beaucoup de cuisiniers passionnés, nous disposons également de nombreux autres ustensiles, mais la plupart sont soigneusement rangés dans nos placards, certains ne nous servant que très occasionnellement. Comme nous, n'hésitez donc pas à libérer le maximum d'espace et à débarrasser vos plans de travail de tout objet superflu. Vous découvrirez alors le plaisir de cuisiner dans un lieu sobre, simple et fonctionnel.

CLOTH

Index

A

B

C

D-E

Remerciements de l'auteur
Jonathan Chidsey – notre jardinier, dévoué et irremplaçable.
Diane Smith – notre gouvernante, grâce à laquelle notre cuisine et notre garde-manger demeurent toujours impeccables et parfaitement organisés.
Leslie Harrington – qui s'est dévouée corps et âme au design et à la mise en pages.
Georgia Glynn Smith – qui a réalisé avec un art consommé toutes les photos de cet ouvrage.
Comme à notre habitude, nous avons cuisiné et préparé nos plats sans l'aide d'aucun styliste ni spécialiste en arts ménagers.
Les couteaux, marmites, casseroles, plats et saladiers et autres ustensiles utilisés proviennent soit de Conran Shop, soit de notre propre cuisine.